Tomi Ungerer

Es war einmal mein Vater

Aus dem Französischen von
Ulrich Hartmann
Mit einem Nachwort von
Thérèse Willer

Diogenes

Titel der 2002 bei
Éditions La Nuée Bleue, Strasbourg,
erschienenen Originalausgabe:
›De père en fils‹

Umschlagillustration von Théo Ungerer, 1915,
bearbeitet von Tomi Ungerer

*Für meine Schwestern
Édith und Vivette und vor allem für
meinen Bruder Bernard und
seine Frau Marie-Claude, ohne die dieses Buch
nicht zustande gekommen wäre.
Sie haben mir geholfen, es so zu schreiben
und zusammenzustellen, wie es der
Vergangenheit gerecht wird.*

www.diogenes.ch
80/03/33/1
ISBN 3 257 02080 5

Inhalt

Ich suche meinen Vater
und finde mich selbst.
Denn das Vergangene kehrt
nicht wieder.

Auf der Suche nach meinem Vater

Mein Vater Théodore Ungerer ist am 5. September 1935 um sieben Uhr morgens gestorben. Ich war keine vier Jahre alt. Es bleibt mir keine genaue Erinnerung an diesen geheimnisvollen, außergewöhnlichen Menschen, von dem Mama, mein Bruder und meine Schwestern mit Bewunderung und Verehrung sprachen. Ich erinnere mich nur – sehr vage – daran, daß ich ihn eines Tages mit einem Gartenschlauch naß gespritzt habe. Ein anderes Mal hat er mich auf den Armen getragen und mir seine Bibliothek gezeigt. Und schließlich erinnere ich mich an den Tag, als ich auf seinen Knien saß und er mir die Nase zuhielt, damit ich, um Luft zu bekommen, den Mund aufmachte, und er mir den Spinat hineinschob, den ich damals nicht ausstehen konnte und der später eines meiner Lieblingsgemüse geworden ist.

Théo Ungerer

Ich sehe noch das Bild meines Bruders und meiner Schwestern vor mir, die in der Eingangshalle unseres Hauses in einer Reihe antreten mußten, um sich inspizieren zu lassen, bevor sie zur Schule gingen, während ich auf meinem Dreirad herumfuhr und ein Lied aus einer Operette trällerte: *Ade, mein kleiner Gardeoffizier…*

Ich kannte das Gesicht meines Vaters nur von der Totenmaske, die Mama hatte abnehmen lassen. Sie lag, in ein weißes Tuch gehüllt, in der Schublade einer Kommode. Manchmal schaute ich sie mir heimlich an, mit Gänsehaut, in einer Mischung aus Respekt und Furcht. Sehr viel später habe ich sie in Bronze gießen lassen.

Es war traumatisch für mich, keinen Vater zu haben. Ich fühlte mich benachteiligt und hörte staunend und neiderfüllt zu, wenn die anderen von den glorreichen Zeiten erzählten, als dieser sanft lächelnde Vater, der jetzt auf dem Sockel der Vollkommenheit stand, noch das Sagen gehabt hatte. Auf meine Schwestern Édith und Vivette und meinen Bruder Bernard – dreizehn, zwölf und elf Jahre alt, als er starb – hatte der Tod dieses für mich nicht faßbaren Vaters eine nachhaltige Wirkung. Ich dagegen hatte nicht einmal an seiner Beerdigung teilgenommen und war zu jung, um die Tragödie zu begreifen, die sich um mich herum abspielte.

Später, sehr viel später wollte ich dann wissen, wer mein Vater gewesen war, um mich selbst besser kennenzulernen. Ich habe mich auf die Suche nach ihm gemacht. In Kisten und Kästen, in Zeichenmappen und vor allem in einem großen Koffer der Pandora, vollgestopft mit Korrespondenz, habe ich die Spur seines Lebens und einen Teil seiner Persönlichkeit entdeckt. Mit Distanz, ohne jede Sentimentalität, habe ich mir seine Briefe, Manuskripte, Notizbücher und vor allem sein künstlerisches Werk genau angesehen. Denn es war der Künstler in ihm, der mich faszinierte und immer wieder verblüffte. Die Ähnlichkeit seiner Zeichnungen mit meinen ist bisweilen so, daß man nur mit Mühe unterscheiden kann, was vom Vater und was vom Sohn stammt. Dabei bin ich nicht unter seinem direkten Einfluß aufgewachsen, so daß gleichsam Vererbung für diese Übereinstimmung verantwortlich ist… falls man nicht das Schicksal bemühen will?

Ein Verliebter auf einer Zeichnung von Théo Ungerer vor seiner Begegnung mit Alice.

Ich komme mir seltsam abergläubisch vor, wenn ich mich frage, ob mir mein Vater bei seinem Tod nicht en bloc seine Talente vermacht hat, damit ich sie Früchte tragen lasse.

Meine Geburt am 28. November 1931 war fieberhaft erwartet worden und hatte eine ganz besondere Wirkung: Sie heilte Mama von einer depressiven Erschöpfung, unter der sie nach drei aufeinanderfolgenden Schwangerschaften (Édith 1922, Vivette 1923, Bernard 1924) sieben Jahre lang gelitten hatte. Wenn sie diese Leidenszeit überstanden hatte, dann dank der wohltuenden Anwesenheit meines Vaters, der immer aufmerksam, voller Zärtlichkeit und nie entmutigt war. Für die geheilte Mama war und blieb ich ihr Sonnenschein: Wie oft hat sie mir das gesagt?

Alice Ungerer

Über meine frühe Kindheit gibt es viele Berichte. Es genügt, sich die Auszüge aus dem Heft anzusehen, in dem meine Schwester Vivette, damals neun Jahre alt, meine Ankunft auf Erden und meine ersten Schritte im Leben festgehalten hat. Ich habe auch ein Notizbuch von Mama aus dieser Zeit gefunden. Hier ein Auszug: »Tomi ist kein Baby mehr, er ist ein kleiner Junge, der gern Reißaus nimmt. Seine erste große Tour ging so: Es war ein Freitag im Januar 1934 [ich war zwei Jahre und zwei Monate alt], Putztag. Niemand denkt an Tomi, der die Eingangstür offen findet und den Umstand ausnutzt, um wegzulaufen. Nur ein paar Augenblicke später bemerke ich sein Verschwinden. Das Personal, das sich auf der Suche nach ihm ins Viertel aufmachte, kam unverrichteterdinge zurück. Tomi blieb unauffindbar. Schließlich hatte Théo die gute Idee, das Auto zu nehmen, um auf die Suche nach dem Vagabunden zu gehen. Groß war seine Freude, als er ihn mitten auf der Chaussee (gegenüber der Place de Bordeaux) fand, mit froher und unternehmungslustiger Miene. Die Hosen hingen ihm jämmerlich herunter,* und er bibberte, denn es war ein kalter Tag...« Ich erzähle diese Anekdote, weil es sich um meine erste Flucht handelt. Seitdem habe ich mein Leben damit verbracht zu fliehen. Um die Welt zu entdecken, zu erforschen und Vergleiche anzustellen. Damit ich an einem Ort bleibe, müßte man mich festhalten oder anbinden. Ich habe in einem Schulheft diesen deutschen Satz gefunden, mit neun Jahren geschrieben: »Ich werde der Wanderer sein.«

Von meinem Vater habe ich keine einzige Zeile über mich gefunden. Zweifellos bin ich zu spät gekommen.

Bei meinen Nachforschungen bin ich auch auf eine schöne Liebesgeschichte gestoßen. Denn es ist unmöglich, von meinem Vater zu sprechen, ohne an meine Mutter zu erinnern. Sie waren ein einzigartiges und talentiertes Paar, vereint in einer von Romantik erfüllten Liebe.

So möchte dieses Buch auch Chronik und Feier dieser totalen, allumfassenden, sogar egoistischen Liebe sein. In einem romantischen und sentimentalen Elan, neben dem allein die Kinder, die Natur und Gott als Schöpfer aller weltlichen Schönheit existierten, lebte das Paar mit oft großer Unbekümmertheit in seiner kleinen geschlossenen Welt, in die nur das Glück Zutritt hatte. Beide waren sie von ihrer ersten Begegnung an wie verzaubert voneinander. Papa hatte gerade die Reifeprüfung hinter sich. Sein Cousin Éric hatte ihm eine junge Colmarer Gymnasiastin von auffallender Schönheit be-

* im Original ›hoselotk‹ – der elsässische Ausdruck für einen kleinen Jungen, dessen Hosen herunterrutschen.

schrieben. Mein Vater träumte von ihr. Er unternahm eigens eine Reise nach Colmar und stellte seine Staffelei in den Hof des Lycée Bartholdi, wo sie ihr Mittagessen einnahm. Als er sie vorbeigehen sah, ihre Mappe unter dem Arm, war es Liebe auf den ersten Blick: die oder keine. Noch am selben Abend traf er sie, dank seines Cousins, auf dem Bahnsteig und vertraute ihr seinen ersten Liebesbrief an. Das war 1912. Alice war sechzehn Jahre alt.

Die Eltern, bald davon in Kenntnis gesetzt, einigten sich auf ein gewisses Laissez-faire und beschränkten den Kontakt auf seltene Begegnungen und eine sieben Jahre dauernde, leidenschaftliche Korrespondenz zwischen den Liebenden, die es wert wäre, so, wie sie ist, veröffentlicht zu werden. Die ersten Briefwechsel zwischen den Vätern der beiden Verliebten lassen eine ganze Epoche vor unseren Augen erstehen, in der eine Heirat eine Verbindung zwischen zwei Familien genauso auf sozialem wie auf religiösem Niveau darstellte. Es war ein Austausch von Höflichkeiten, ein zutiefst bürgerlicher Vorgang.

Alices Vater war technischer Direktor der Textilfabrik Haussmann in Logelbach bei Colmar, stammte also aus einem für die Ungerers aus der Rue de La Broque in Straßburg akzeptablen Milieu, um so mehr, da beide Familien protestantisch waren. 1912, im prosperierenden deutschen Elsaß, war Gott selbst ein Bürger, der über die Seinen wachte.

Turckheim im Winter

Papa und Mama haben sich 1916 verlobt, vier Jahre nach ihrer ersten Begegnung, und haben am 18. Oktober 1919 geheiratet. Sie waren von der weltweit grassierenden Spanischen Grippe verschont worden, die nicht weniger Verheerung anrichtete als der Krieg. Immunisiert durch ihre Liebe, scheinen Papa und Mama die Desaster und Tragödien des Krieges auf einer Schönwetterwolke überflogen zu haben.

Im Herzen Franzose, hat mein Vater sich jedoch offenbar wenig um die französische Kultur, nicht einmal um die Kochkunst gekümmert. Seine Bibliothek gibt Zeugnis davon. Die klassische und zeitgenössische französische Literatur fand sich dort nicht, mit Ausnahme der – zweifellos geerbten – gesammelten Werke von Corneille, Molière und Racine. Alle kunstgeschichtlichen Schriften bezogen sich auf deutsche, holländische oder schweizerische Künstler: Dürer, Schongauer, Holbein, Bosch, Böcklin, Schwind, Richter.

Als Nachschlagewerk benutzte er das bemerkenswerte *Handbuch der Kunstgeschichte* von Springer. Nichts über den Impressionismus. Papa scheint alle Strömungen, alle kulturellen oder literarischen Bewegungen, die für seine Epoche bedeutsam waren, ignoriert zu haben. Meine Mutter bezeichnete alles, was nach dem Biedermeier kam, in Bausch und Bogen als Kitsch und ließ keinen Widerspruch dagegen zu.

Nach der Begegnung mit meiner Mutter beschränkte sich mein Vater bei den Modellen für seine Zeichnungen und Gemälde auf seine geliebte Frau und ihre Schwestern. Nicht die kleinste Skizze seiner Mutter, seines Vaters, seiner Brüder oder seiner Schwester. Trotzdem hatte Théo zu seinem Vater Alfred ein ausgezeichnetes Verhältnis, als Sohn und als Mitarbeiter. Man kann sich kaum eine bessere Beziehung zwischen einem Vater und seinem Sohn vorstellen, geprägt von gleichen Interessen, gegenseitigem Respekt und Zuneigung. Alfred war ein vollendet ehrenhafter Mann mit unbestechlicher Intelligenz, unnachgiebiger Moral und von einer grundlegenden Aufrichtigkeit. Er gehörte zu jener Generation, die ihre Lebensfreude schlicht und einfach in der Pflichterfüllung fand. Mit seinem Sohn teilte er die Leidenschaft für die Uhrmacherei. In enger Zusammenarbeit verfaßten sie zwei Bücher, den maßgebenden Klassiker *L'Horloge astronomique de la Cathédrale de Strasbourg (Die astronomische Uhr im Straßburger Münster)* und das enzyklopädische Werk *Les Horloges astronomiques et monumentales les plus remarquables* (nicht auf deutsch erschienen), in dem Uhren aus der ganzen Welt detailliert beschrieben werden.

Théo Ungerer vor der von ihm gebauten Uhr in Messina.

Meine Mutter brachte sicherlich Farbe in die nüchterne Welt der Familie meines Vaters. Alice und Théo waren alles andere als ein langweiliges Paar. Sie liebten es, anderen Streiche zu spielen. So kündigte mein Vater eines Tages den Kindermädchen an, man erwarte in Kürze den Besuch des Sultans von Marokko, der eine astronomische Uhr bestellen wolle. Er erklärte ihnen, daß sie ihn bei seiner Ankunft mit einem Knicks begrüßen und dazu »Salam Aleikum« sagen müßten. Mehrere Tage nacheinander fanden sie sich am frühen Morgen am Bett meiner Eltern ein, um zu üben, was jedesmal in einem überdrehten Gelächter endete – und alles unglücklicherweise vollkommen umsonst, denn der Sultan kam natürlich nie.

Meine Eltern beherrschten ein ausgesprochen gepflegtes Französisch und Deutsch, mit einer Leichtigkeit, die etwas Bewundernswertes hatte. Durch ihre Erziehung – die es so nie wieder geben wird – waren sie ganz erfüllt von den Klassikern, bei denen sie ihre Ausdrucksweise entlehnten. Sie lebten in einer Welt, die bis zum letzten Atemzug Wert auf Poesie legte.

Mamas Korrespondenz, oft in Alexandrinern abgefaßt, war von unwiderstehlicher Ironie und Charme geprägt, vor allem, wenn sie sich in Schmähungen erging: Ihre Briefe an den Papst, an den sie sich wie an den Antichristen wandte, waren zu glänzend, um beleidigend zu sein; und an Präsident Nixon schrieb sie, zur Zeit von Watergate, einen ermutigenden Brief, in dem sie ihn als »stolzen und galanten Ritter« ansprach.

Mein Vater war zwar im Herzen ein französischer Patriot, doch kulturell ist er in seinem elsässischen Schneckenhaus geblieben. Eingeschlossen in sein Straßburg, das er leidenschaftlich liebte, beschränkte sich sein Horizont auf die blaue Linie der Vogesen, insbesondere auf das Münstertal und den Hohrodberg. Seine künstlerische Bildung entsprach den Regeln der Münchner Schule vom Anfang des 20. Jahrhunderts. Wenn man seine Ölbilder und Pastelle betrachtet, fragt man sich, wie es ihm ohne Einfluß von außen gelungen ist, in seiner Malerei eine solche Frische und Könnerschaft an den Tag zu legen.

Alice Ungerer mit ihren Kindern Bernard, Vivette und Édith in Messina.

In Frankreich war er oft geschäftlich unterwegs, vor allem fuhr er häufig nach Paris. Dort beschied er sich immer mit einem kleinen Hotelzimmer, wo er sich – wie in seinem pedantisch geführten Ausgabenheft festgehalten – von Brot und Wurst ernährte. Keine Erwähnung von Veranstaltungen oder Ausstellungen. Keine leichtfertigen Vergnügungen, nicht einmal ein Bier auf der Terrasse eines Cafés oder eine einfache Mahlzeit in einem Restaurant im Viertel. Seine einzigen Zerstreuungen waren der tägliche Brief an Mama und ein paar Besuche in Buchantiquariaten. Genügsamkeit in der protestantischen Straßburger Tradition.

Woher kam dann seine unglaubliche künstlerische Gewandtheit? Bleistift, Kohle, Feder, Pastell, Aquarell, Öl: Er bewies Originalität und außergewöhnliches Talent in allen Techniken. Und schließlich seine Art, das Bild mit Schrift zu verbinden, ohne Umweg, schnell, direkt, den Augenblick sofort erfassend. Darin empfinde ich mich am stärksten als sein Sohn. Als wären seine Talente eins zu eins von ihm auf mich übergegangen.

Er betrieb alle Dinge mit Leidenschaft: die Uhrmacherei, die Ahnenforschung, die Astronomie, die Beschäftigung mit Straßburg, dem Elsaß und seiner Geschichte. Seine Gelehrsamkeit auf diesen Gebieten spiegelte sich in seiner Bibliothek und seinen Dokumentensammlungen wider, die er mit größter Sorgfalt anlegte. Provinziell und damit zufrieden, unter seiner Glocke zu bleiben, wurde er nur auf dem Gebiet der Uhrmacherei international tätig, in Japan genauso anerkannt wie in den Vereinigten Staaten.

Lebte er in seiner Zeit? Nirgendwo in seinen Papieren habe ich einen Kommentar zur regionalen, nationalen oder internationalen politischen Situation gefunden. Wie ein Fisch in seinem Glas, umgeben von seiner Familie, das genügte ihm.

Von frühester Jugend an ist seine Obsession für das Detail auffällig, eine uhrmacherische Pedanterie in der Organisation des Alltags. Als Junge verzeichnete er in Heften seine Korrespondenz mit dem Namen des Empfängers, dem Datum des Versands und einem Code: B (Brief), K (Karte), P (Paket).

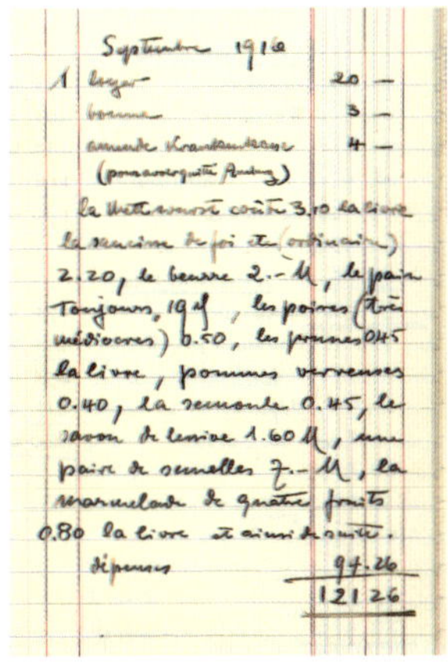

Das Haushaltsbuch der Familie Ungerer.

Bis zu seinem Tod wurden die Ausgaben für den Haushalt peinlich genau registriert, von der Streichholzschachtel über die Briefmarke bis zum Bund Petersilie. Diese Haushaltsbücher sind höchst interessant, weil sie eine ganze Lebensart offenbaren, die Preisentwicklung, den Lohn der Kindermädchen, Büglerinnen, Schneiderinnen, Wäscherinnen. Praktisch kein Alkohol, keine Mahlzeit in einem Restaurant oder einer Weinstube, aber ungeheure Mengen Cervelatwurst... Strenge und Sparsamkeit – auch eine meiner Schwächen.

Dagegen gab es keine Ausgabenbeschränkung, wenn es sich um Antiquitäten oder Alsatika handelte, die ebenfalls ordnungsgemäß in einem speziellen Heft verzeichnet wurden. Ich habe zwei große Kartons voller Kataloge von französischen und deutschen Buchantiquariaten gefunden, mit denen er korrespondierte.

Diese Leidenschaft für Bücher, Dokumente und Papiere habe ich von ihm geerbt. Wie er bin auch ich ein besessener Sammler geworden, allerdings ein sporadischer. Von altem Spielzeug zum Beispiel; nach Jahren des passionierten Sammelns, Entdeckens und

Spezialisierens habe ich das Thema jetzt ausgeschöpft: Spielzeuge interessieren mich nicht mehr.

Wenn mein Vater nicht gestorben wäre, wäre ich dann geworden, was ich bin? Ich zweifle daran, ich hätte wohl nie aus seinem Schatten treten können. Mein Vater, der es nicht ertragen konnte, von einem Auto überholt zu werden, hätte er akzeptiert, daß ich ihn überhole? Er hatte feste Vorstellungen: Zum Beispiel hatte er beschlossen, daß mein hochbegabter Bruder Bernard eines Tages Generalgouverneur der französischen Kolonien werden sollte.

Mein Vater verlangte gute Noten in der Schule, das war eine Frage des Familienstolzes. Da ich nicht der Typ bin, der sich in einem System wie der Schule entwickelt, kann ich mir das Donnerwetter vorstellen, das bei einem schlechten Zeugnis auf mich niedergegangen wäre. Er hätte mich gezwungen, die Reifeprüfung abzulegen, um zu studieren, wie alle anderen auch. Ohne Vater habe ich mich auf meine eigene Art entfalten können, unter dem milderen Blick einer Mutter, die mich gewähren ließ.

Humor und Abenteuerlust

Gewiß, mein älterer Bruder vertrat meinen Vater, dem er im Charakter ähnlich war, um mich zu disziplinieren und mir die Regeln einer protestantischen Moral beizubringen. Der Stolz meines Vaters hätte arg darunter gelitten, als Sohn diesen Versager zu haben, der ich jahrelang war. Anders als mein Bruder und meine Schwestern bin ich der geborene Rebell.

Ein seltener Fall in der Familie. In der Ahnenreihe der Ungerers gibt es keine Rebellen. Ein kleines Monster, sieben Jahre nach der Geburt des großen Bruders plötzlich in ein wohlgeordnetes bürgerliches Milieu hineingeworfen, war ich von Anfang an widerspenstig. Widerspenstig sogar gegen Zuneigung: Ich habe einen Brief gefunden, den meine Mutter an meine Tante geschrieben hat, als ich fünf Jahre alt war: »Mein kleiner Tomi wehrt sich dagegen, sich küssen zu lassen...«

Seit meinem Aufbruch ins Leben habe ich beschlossen, nicht ehrbar, sondern frei zu sein, nicht in meinen Enttäuschungen zu verharren. Und was das angeht, weiß ich nicht, woher ich komme. Bin ich auf meinen Stammbaum gepfropft? Ich weiß es nicht. Ich bin als Rebell geboren. Das genügt mir.

Mein Vater hat sich für Ahnenforschung begeistert, vielleicht in der Hoffnung, auf aristokratische Wurzeln zu stoßen. Er brauchte eine Ahnengalerie, selbst wenn er sie in der Familie Donauer finden sollte, einem angeheirateten Zweig, aus Regensburg stammend, Pastoren seit der Reformation und bekannte Rechtsgelehrte. Was meine Mutter anging, deren Kindheit von Märchen voller Prinzen und Prinzessinnen geprägt war, so träumte sie von Adelstiteln und wäre bereit gewesen, sich blaues Blut aus der Färberei abzuholen. »Das wäre doch wunderbar, wenn wir ›von Ungerer‹ hießen«, sagte sie zu mir.

Das Familienwappen der Ungerers in der Vorstellung von Théo Ungerer. Träume von Größe.

Was mein Vater nicht erreichen konnte, kopierte er: Pastelle, Schattenrisse, reproduziert mit seinem Pantographen. Eine tadellose Fälscherarbeit.

Daß ich geworden bin, wer ich bin (und nicht, wer ich sein wollte), ist eine Reaktion. Aus der Art geschlagen, habe ich die vorgezeichneten Wege eines begrenzten Gebiets verlassen. Mein Vater vertraute voll und ganz auf die Uhren, die, regelmäßig im Takt schlagend, sein Verhalten regelten, während sich für mich der Begriff Zeit zwischen den Takten, relativiert durch den Zweifel, verliert. Was mich nicht daran hindert, eine Schwäche für Pünktlichkeit zu haben.

Ich setze nie ein Datum auf einen Brief oder in meine Tagebücher, und jede Zeiteinheit ist elastisch – oft haben ein paar Minuten die Länge von Stunden.

Mama hatte einen offenen, freien, unabhängigen Geist. Sonntags gingen wir nicht in die Kirche, sondern unternahmen bei schönem Wetter Ausflüge in die Vogesen. Sie sagte: »In der Natur verehrt man den Herrn…« Dafür war es normal, mit Gebeten und Chorälen etwas zu erbitten oder für etwas zu danken. Ihre Nachsicht ihren Kindern gegenüber war grenzenlos. So erlaubte sie beispielsweise 1938 Édith, Vivette und Bernard, damals sechzehn, fünfzehn und vierzehn Jahre alt, eine mehr als tausend Kilometer lange dreiwöchige Radtour von Colmar nach Paris, Le Havre und an die Loire zu unternehmen.

Sie legte meiner Originalität und meinen gewagtesten Aktionen nichts in den Weg. Ihr ganzes Leben lang hat sie sich diesen Geist der Toleranz bewahrt. Als ich mein Buch *Fornicon* veröffentlichte, in dem ich den mittels Maschinen vollzogenen sexuellen Akt darstelle, verteidigte sie mich: »Der Künstler hat alle Freiheiten.« Man

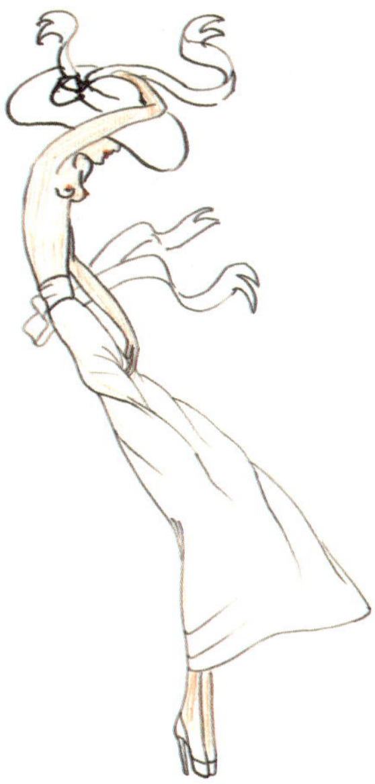

Für Théo Ungerer verkörperte seine Frau Alice sein ganzes Ideal von Weiblichkeit.

setzt dem Schöpferischen keine Grenzen. Und als ich anläßlich eines Familientreffens bei meiner Schwester in Barr meine zukünftige Frau vorstellte, gekleidet in einen schwarzen Lederminirock, gespickt mit Accessoires aus meinen Phantasien, kommentierte Mama angesichts der Zurückhaltung der übrigen Familie: »Wenn mein Théo noch lebte, würde er mich genauso anziehen!«

Ich habe mich in den Koffer mit den tausend Geheimnissen versenkt und fünfundsiebzig Jahre Korrespondenz unter die Lupe genommen. Eine Büchse der Pandora und ein Korb voll mit oft schmutziger Wäsche. Schwarze menschliche Komödie, tragisch und närrisch zugleich, doch auch großes Glück bergend.

Mein Vater war auf seine Art ein Illusionist mit einer Vorstellungswelt voller Phantasie. Die Schönheit meiner Mutter war für diesen Ästheten von einer obsessiven Priorität. Ich glaube außerdem, daß sein einziger Kult der Kult der Schönheit war, einer Schönheit, die eine göttliche sein sollte. Er hatte die Zeitschrift *Votre beauté* abonniert. Die Pflicht meiner Mutter war es, schön zu sein und zu bleiben. Nun ist der Kult der Schönheit in den Augen von durch Strenge gestählten Protestanten nichts als Eitelkeit. Es war ein Skandal, als sich meine Mutter, sicherlich auf Anweisung meines Vaters, die Haare schneiden ließ, um modern zu sein.

Zu einer Zeit, als Weiß, Schwarz und Grau die einzig möglichen Kleiderfarben waren und Make-up und Lippenstift als extravagant galten, wurde eine Frau, die bunte Kleider trug und sich schminkte, von meinen beiden Großmüttern, *Grand-maman Bureau* und *Grand-maman Logelbach*, finster und argwöhnisch beäugt.

Mein Vater dagegen mochte es sexy, wie ich an einigen seiner gewagteren Skizzen entdeckt habe. Ich habe sogar ein paar einschlägige Zeitschriften mit Fotos nackter Frauen gefunden, verborgen hinter einer Reihe gebundener *Saisons d'Alsace*; auf manchen Seiten hatte er allzu üppige Busen mit Gouache-Technik retuschiert, um sie seinem Geschmack anzupassen. Zu ausladende Busen mochte er genausowenig wie ich. Mein Vater war besessen vom Perfekten, was sicherlich meine Mutter tyrannisierte und die Ursache einer enormen Angst vor dem Alter war, das niemanden verschont, vor allen Dingen eine Frau nach der Geburt von vier Kindern nicht.

Meine Mutter ist immer schön geblieben. 1960 war ich an Bord eines kleinen Flugzeugs, das Touristen zu den Ruinen der Maya brachte. Ich kam mit einem alten, eher zierlich wirkenden Herrn ins Gespräch, der mir eröffnete, er sei ein Industrieller aus Straßburg. Ich stellte mich ihm vor.

»Ungerer? Sind Sie vielleicht ein Verwandter von Alice Ungerer?«

»Sie ist meine Mutter.«

»Ihre Mutter? Sie war die schönste Frau von Straßburg!«

Er war Witwer, ich gab ihm Mamas Adresse. Einige Zeit später schrieb sie mir entrüstet: »Du gibst also einfach so dem erstbesten Dahergelaufenen meine Adresse! Diese Dreistigkeit, mir in meinem Alter einen Heiratsantrag zu machen!«

Alice, gezeichnet von Théo Ungerer.

Die Schönheit meiner Mutter wurde in der Familie als störend empfunden. Man warf ihr vor, verführerisch zu sein. Ida, die Mutter meines Vaters, Tochter eines Pastors und Generalsekretärs der Kirche Augsburger Bekenntnisses in Elsaß-Lothringen, verabscheute Mama, sie konnten sich gegenseitig nicht ausstehen. In den Augen meiner Großmutter war Mama die Verführerin, die ihren Sohn verhext hatte, ihn ihrer Kontrolle entzogen, dem mütterlichen Schoß entrissen und an den Oberrhein verschleppt, weit weg von Straßburg.

Nicht weniger erschütternd war es für meine Großmutter zu erleben, wie ihr Sohn Théo mitten in der Wirtschaftskrise von Größenwahn befallen wurde. Für Ida, die die Ambitionen ihres Sohns nicht kannte, trug ganz eindeutig seine Frau Alice die Schuld daran. In Wirklichkeit fehlte meinem Vater, bewußt, wie er sich seiner Talente war, die Bescheidenheit seiner Herkunft.

Théo Ungerer in Messina

Mein Vater war selbstbewußt. Zweifel waren ihm fremd. Er kannte keine Lebensangst, hatte große Pläne und war wagemutig. Da er sich kein Schloß leisten konnte, ließ er sich eine Villa bauen – und machte Schulden. Auf den ersten Entwürfen sah die Villa schloßähnlich aus. Während seine Eltern, sein Bruder Charles und dessen Familie bescheiden in der Rue de la Broque in einem an die Werkstätten Ungerer angrenzenden Haus wohnten, lebte mein Vater mit zwei Dienstmädchen, einem Wagen samt von der Fabrik gestelltem Chauffeur und vielen Unterhaltskosten, die ebenfalls von der Firma getragen wurden, auf zu großem Fuß. Nach seinem Tod kam der finanzielle Zusammenbruch. Man mußte die schöne Wohnung im Erdgeschoß aufgeben und sich nach Logelbach flüchten, um die Gläubiger befriedigen und das Haus halten zu können.

Von der Einlieferung meines Vaters ins Krankenhaus an widmete sich Mama nur noch ihm allein. Die Kinder wurden zu Onkeln und Tanten geschickt. Ich lebte in Blaesheim bei meiner Tante Loulou und meinem Onkel Freddy Carbiener, dann in Colmar bei meiner Tante Marguerite und meinem Onkel Henri Spoerri, einem Evangelisten. Diese Trennung war für mich mit Sicherheit mein erstes Trauma. Man brachte mich am 27. Juli 1935 nach Straßburg zurück, als mein Vater einundvierzig wurde. Ich erinnere mich an den Blick auf das Münster aus dem offenen Fenster seines Krankenhauszimmers. An seinem Bett sang ich sehr ängstlich das Lied, das man mir beigebracht hatte: »Kleiner Papa, heute ist dein Fest, hat Mama mir gesagt...« Und das ist alles. Alles übrige verschwindet in einem weißen Nebel.

Anfänglicher Entwurf des Ungerschen Hauses in Straßburg.

Die Briefe der Familie aus dieser Zeit lassen das ganze Ausmaß des Kummers erkennen. Für die Großmütter war Papas Krankheit eine Prüfung, die Gott meinen Eltern auferlegt hatte, um sie für ihren allzu freien, künstlerischen und verschwenderischen Lebensstil zu strafen. Die Wohlanständigen beriefen sich, wo sie konnten, auf die Bibel, um das junge Paar zu Gebet und Reue zu ermahnen. Und beispielsweise dazu, die teuflische Praktik der Radiästhesie aufzugeben...

Ich habe drei Monate dazu gebraucht, in der Wohnung meiner Mutter die Stöße von Briefen durchzusehen, auf der Suche nach meinem Vater und nach der Wirklichkeit, über die die Jahre den zarten Schleier des Vergessens gelegt hatten. Dieses Eintauchen in die Familienarchive, wo jeder Brief mit seinem Entwurf und seiner Antwort verwahrt ist, konfrontierte mich mit meinem Vater. Er ist gewesen, was ich niemals sein werde. So habe ich, als ich zum ›Commandeur de l'ordre des Arts et Lettres‹ ernannt wurde, das Band um den Hals von Mama gelegt. Im Grunde war es Théo, mein Vater, der diese Auszeichnung erhielt, er, der so sehr von der ›Légion d'honneur‹ träumte.

Dieses Buch voller Bilder ist eine Hommage an meinen Vater.

Um es zusammenzustellen, mußte ich akzeptieren, daß er nicht das Idol ist, das sein Tod aus ihm gemacht hatte. Bei der Suche, die ich unternommen habe, ist alles widersprüchlich. Ich suche meinen Vater und finde mich. Ich versuche mir eine Abstammung zu konstruieren und jage einer Schimäre nach, deren Talente die meinen geworden sind. Doch die Vergangenheit kehrt nicht wieder. Was nicht mehr da ist, kann man nicht fassen, und wir müssen uns damit zufriedengeben, die Illusionen zu retten.

Als Schwerkranker im Hospital fragte mein Vater die Schwester: »Finden Sie nicht, daß meine Frau ein schöner Schmetterling ist?« Ein Schmetterling, der bald seine Farben verlieren sollte, um Trauer zu tragen und sich in eine Tigerin zu verwandeln, die ihre Kinder aus dem Elend ziehen würde. Auf seinem Sterbebett flüsterte er Mama zu: »Komm mit mir, Alice, in diesem schönen Garten spazieren.« Mein Vater ging in den schönen Garten, und meine Mutter folgte ihm fünfundfünfzig Jahre später. Seither gehen sie spazieren. Sie, ein Schmetterling. Er, ein Schmetterlingsbewunderer. Mir bleibt nur, mich ihres Spaziergangs als würdig zu erweisen.

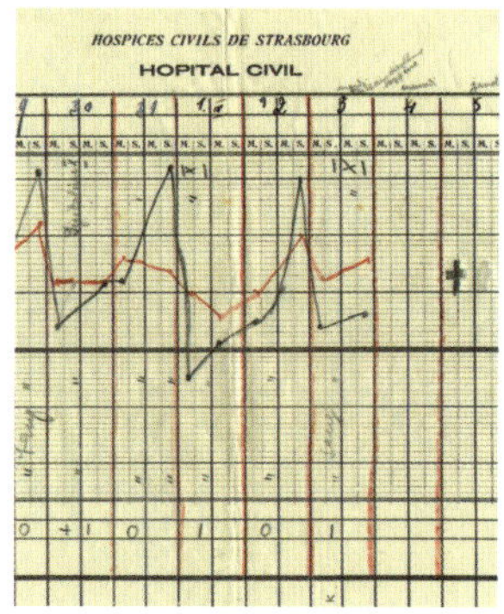

Théo Ungerers Fieberkurve auf dem Krankenblatt im Hospital kurz vor seinem Tod.

Folgende Seiten:
Alice und Théo Ungerer unter einem Engelrund mit Blick auf die Ebene des Elsaß. Dank seines künstlerischen Talents hat Théo Ungerer eine wundervolle Liebesgeschichte für die Ewigkeit festgehalten.

Eine Uhrmacherfamilie

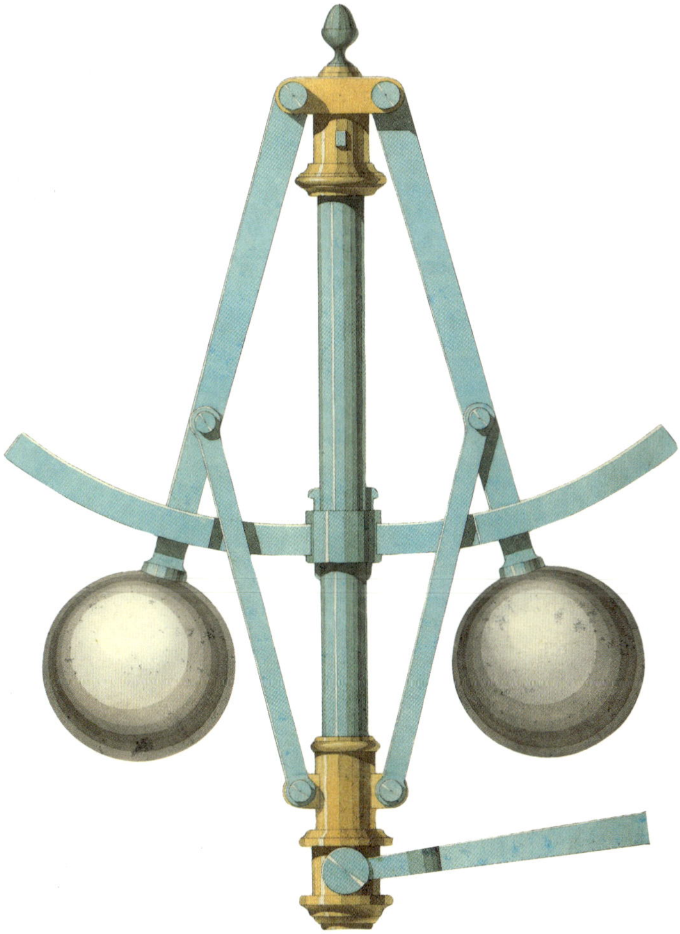

Von Alfred Ungerer (1861–1933)
angefertigte technische Zeichnung eines Regulators.

Die Uhrzeiger stricken die Zeit.

Ein Uhrmachergeschlecht

Albert Ungerer
(1813–1879)

Auguste-Théodore Ungerer
(1822–1885)

Alfred Ungerer
(1861–1933)

Der Name Ungerer kommt von ›Ungar‹. Das bedeutet nicht unbedingt eine ungarische Herkunft: Eine Reise nach Ungarn mag genügt haben... Der Name ist in ganz Süddeutschland verbreitet. Alfred und Théo Ungerer haben bei ihrer Ahnenforschung herausgefunden, daß die Vorfahren der Ungerer am Ende des sechzehnten Jahrhunderts in Öhringen lebten, einem schwäbischen Städtchen in der Nähe von Heilbronn. Der älteste Vorfahre, den Théo – der für die Ahnenforschung eine regelrechte Passion entwickelte – in den Kirchenbüchern der protestantischen Gemeinde von Öhringen fand, war Michael Ungerer, Bürger von Öhringen, gestorben 1610. Sein Sohn Jörg, geboren 1587, war Maler. Er hatte vier Söhne, von denen drei Metzger geworden sind. Insgesamt sollten die Ungerer über fünf Generationen Metzger sein. Johann Albrecht (1643–1713), ein Enkel Jörgs, macht sich von Öhringen nach Straßburg auf. Er

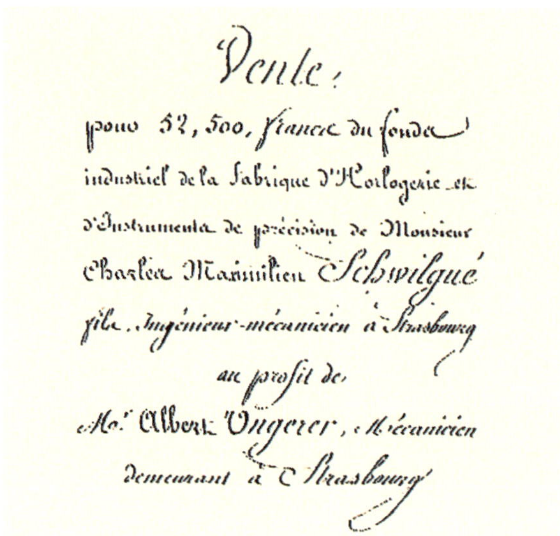

Vente:
pour 52,500, francs du fonds
industriel de la fabrique d'Horlogerie et
d'Instruments de précision de Monsieur
Charles Maximilien Schwilgué
fils, Ingénieur-mécanicien à Strasbourg
au profit de
Mr Albert Ungerer, Mécanicien
demeurant à Strasbourg

läßt sich dort als Metzger nieder, heiratet Anna Maria Magnus, eine Elsässerin aus Schiltigheim, und erwirbt 1674 das Bürgerrecht von Straßburg.

Michel Jacques (1782–1849), der Urenkel dieses Johann Albrecht und Schüler des protestantischen Gymnasiums zu Straßburg, war der erste Ungerer, der studierte. Er wurde Pastor. Zwei seiner Söhne, Albert und Auguste-Théodore, waren Uhrenfabrikanten. Auguste-Théodores Sohn Alfred (1861–1933) war der Vater von Théodore (»Théo«, 1894–1935), dieser schließlich der Vater von Tomi Ungerer (geboren 1931).

Bernard Ungerer

Jean-Baptiste Schwilgué (1776–1856), Straßburger Uhrmacher und Mathematiker von Rang, entwickelte schon als junger Mann den Plan, die alte astronomische Uhr des Straßburger Münsters wieder instand zu setzen. 1838 wurde er von der Stadt offiziell damit beauftragt. Die Arbeiten dauerten vier Jahre. Unterstützt wurde Schwilgué dabei von seinen Schülern und Mitarbeitern, den Brüdern Albert und Auguste-Théodore Ungerer.

1856, nach dem Tod des genialen Uhrmachers, traten die Brüder Ungerer seine Nachfolge an der Spitze eines auf große »Gebäudeuhren« (für öffentliche Bauten) spezialisierten Unternehmens an, dessen Reputation über die regionalen Grenzen hinausging. Innerhalb eines Jahrhunderts wurden mehr als viertausend Uhren des Systems Schwilgué-Ungerer hergestellt, die Kirchtürme, Bahnhöfe, Schulen und Fabriken in ganz Europa schmückten. Die berühmteste war die astronomische Uhr in Messina, 1933 von Théo Ungerer entworfen und gebaut.

Lithographie von Schwilgué mit einer Widmung für Auguste-Théodore Ungerer.

Zeichnung von Alfred Ungerer. Kopie eines Porträts von Caillet.

Zeichnung von
Auguste-Théodore Ungerer,
inspiriert vom neoklassizistischen Stil
Jacques-Louis Davids.

Einst war Zeichnen Teil der Erziehung; es wurde gelehrt und gelernt. Die Frage, ob Talent innerhalb einer Familie weitergegeben wird, ob es so etwas wie eine künstlerische Ader gibt, würde ich bejahen. Zahlreiche meiner Neffen und Nichten und auch meine Kinder sind der Beweis dafür. Es gibt in unserer Familie eine weitverzweigte künstlerische Begabung.

Alle in der Familie Ungerer zeichneten: Diese Landschaft und die Vignette unten sind Werke von Alfred Ungerers Frau Ida.

Porträtzeichnung von Alfred Ungerer

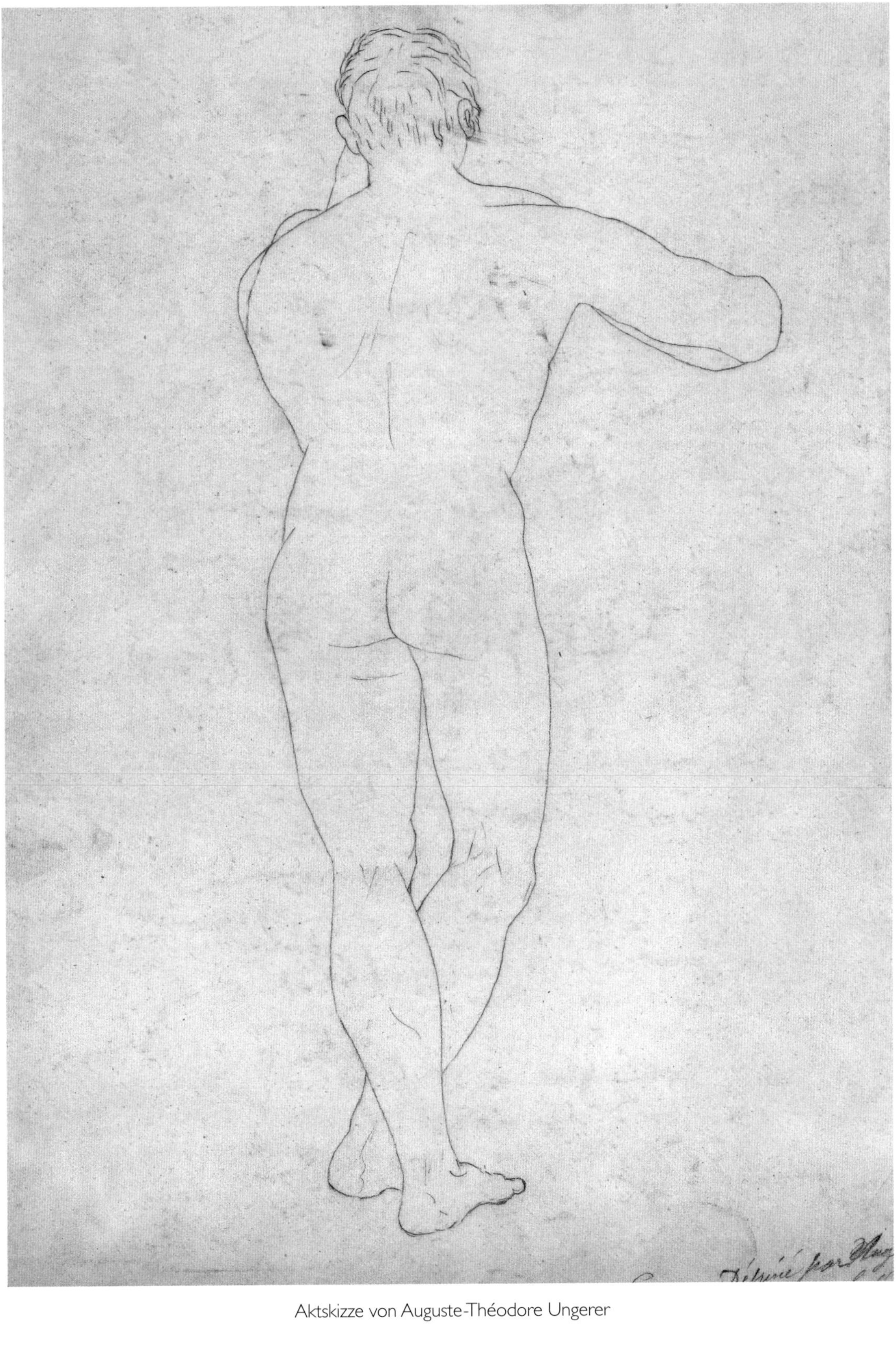

Aktskizze von Auguste-Théodore Ungerer

Uhrmachergerät (Zahnradmaschine). Entwurf von Alfred Ungerer.

Ich bin voller Bewunderung für die technischen Zeichnungen meines Großvaters Alfred, damals Student einer Ingenieurschule. Eine vollendete formale Ästhetik, was die Präzision der Formen und die Projektion der Schatten angeht.

Logo und Anzeige der Werkstätten Ungerer zu Beginn des 20. Jahrhunderts.

Neben seiner Hauptaktivität, der Uhrmacherei, war der Familienbetrieb in der Automobiltechnik tätig geworden, insbesondere im Bereich der Ausbohrung von Motoren. Ich habe die Passion meines Vaters für Mechanik geerbt: Dabei denke ich nicht nur an die ›Sexmaschinen‹ meines *Fornicon*, sondern auch an die Ersatzteile für meinen Traktor, die ich in meiner Werkstatt in Irland – auf dem eigenen Amboß und der eigenen Drehbank – hergestellt habe.

Kopf des von Théo Ungerer entworfenen Briefpapiers für die Werkstätten Ungerer.

Die Familie Ungerer im Hof ihrer alten Werkstätten in Straßburg.

Théo Ungerer: Ein Uhrmachermeister

Der Nachruf auf Théo Ungerer, 1936 von Abbé Glory für ›La Vie en Alsace‹ verfaßt, erinnert an viele Facetten einer außergewöhnlichen Persönlichkeit (Auszüge).

Am 5. September 1935 hat Frankreich einen bedeutenden Spezialisten der Uhrmacherei verloren, Théodore Ungerer, Kurator der astronomischen Uhr von Straßburg.

Am 27. Juli 1894 in Straßburg geboren, war er ein brillanter Schüler des dortigen protestantischen Gymnasiums und Lyzeums. Früh fühlte er sich zu technisch-mechanischen Studien hingezogen. Am Polytechnikum in Karlsruhe wurde er 1912 in die exakten Wissenschaften eingeführt; nach einem Aufenthalt in Graffenstaden absolvierte er 1915 in Amberg ein Praktikum als Ingenieur für Waffentechnik. München verläßt er 1918 mit dem Diplom des Instituts für Kunst und Mechanik.

Doch auch mit der französischen Methode galt es sich vertraut zu machen. Ein letztes Praktikum in Cluses in der Haute-Savoie wird 1919 die Liebe zur französischen Kultur in ihm wecken.

Er war Künstler auf seine Art, sprach Französisch und Deutsch, Englisch und Italienisch; ein wissenschaftlich denkender Kopf, der sich mit Leidenschaft der Archäologie widmete.

Auch andere Themen interessierten ihn: die alte Gnomonie* – die Ursprünge der Sonnenuhren, das Aufkommen des geneigten Stabs, die Zeit, als die gleichen Stunden die Temporalstunden ersetzten, und die Rolle Dürers in der Straßburger Gnomonie.

Er hatte ein so fundiertes Wissen, daß sein ablehnendes Gutachten entscheidend war, als er im Mai 1929 in Kehl zur Echtheit der Uhr von Philipp dem Guten (1430) befragt wurde, bei der es sich um ein bemerkenswertes mechanisches Stück handelt, das Herr Carl Marfaels, ein bedeutender Sammler deutscher Uhren, für einhunderttausend Dollar an Herrn Morgan aus Amerika verkaufen wollte. Die strenge Beurteilung durch Ungerer war so beeindruckend, daß die Pendeluhr, die seiner Meinung nach aus dem neunzehnten Jahrhundert stammt, noch immer einen Käufer sucht.

Das Museum Straßburg, das ihm die Aufgabe anvertraut hatte, seinen Uhrensaal einzurichten, fragte ihn oft um Rat, bevor es nach einer Untersuchung dieses oder jenes alte Stück erwarb, das heute die Vitrinen des Palais Rohan ziert. Ungerer korrespondierte mit Spezialisten der Uhrenindustrie in der ganzen Welt.

Sein Buch über die astronomische Uhr von Straßburg, veröffentlicht 1927, ist das maßgebende Werk zu diesem Thema.

Doch sein Meisterwerk ist der Bau der berühmten astronomischen Uhr von Messina. Zusammen mit seinem Bruder Charles berechnete und baute er in seiner Straßburger Fabrik alle Teile von mehr als fünfzig mechanisch bewegten Figuren natürlicher Größe, die auf einer Gesamthöhe von 45 Metern übereinander angeordnet sind. Höchst schwierige mechanische Probleme waren zu bewältigen: Alle fanden eine Lösung, und die acht bewegten Bilder, der Löwe, der eine Flagge von 7 Metern schwenkt, alles an diesem großartigen, am 15. August 1933 eingeweihten Bauwerk tut noch immer perfekt und reibungslos seinen Dienst.

Des weiteren verdanken wir seiner Erfindungsgabe elektrische Spieluhren. Die von Sainte-Odile und von Sacré-Cœur de Montmartre bringen automatisch und mehrmals am Tage alte französische Ritornelle zu Gehör, geschlagen auf mehr als dreißig Glokken aus edelster Bronze.

* Sonnenuhrenwissenschaft und -bau

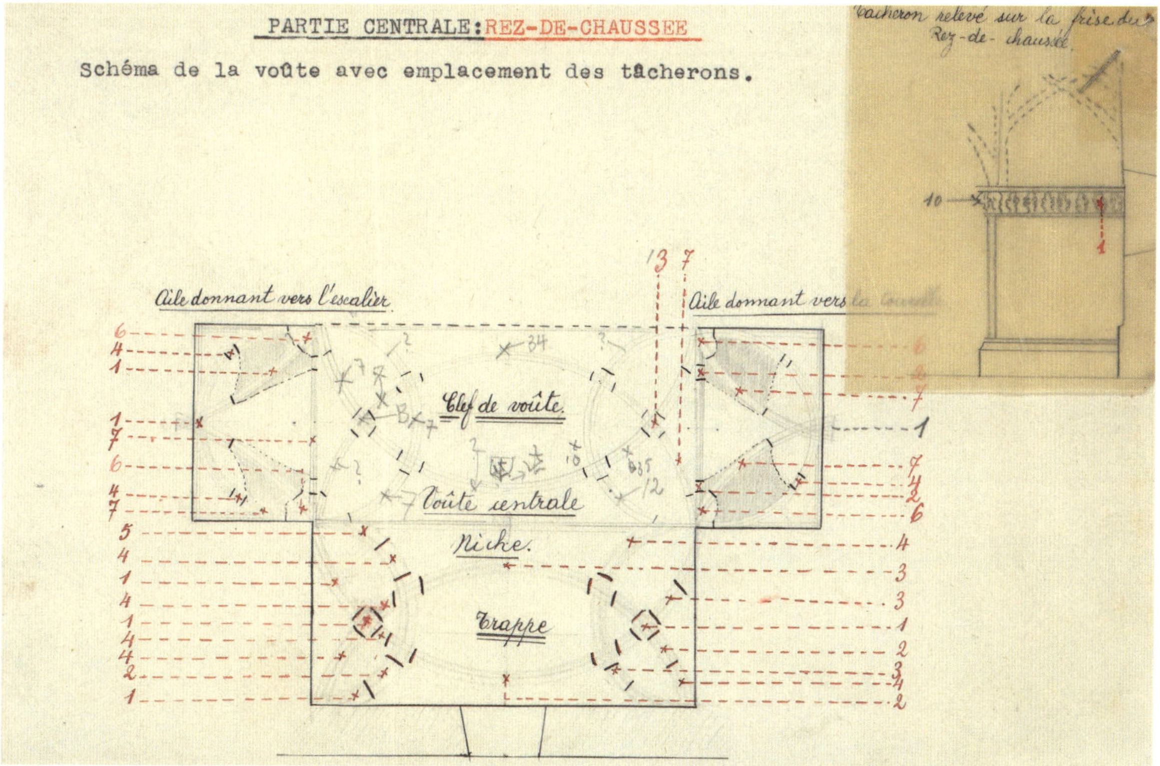

Immer auf der Suche nach Entdeckungen... Hier ein Auszug aus seinen Aufzeichnungen zum Gewölbe der astronomischen Uhr im Straßburger Münster. Mein Vater hat unterschiedlichste Studien (etwa über die Uhrmachermeister Habrecht, die Sonnenuhren im fünfzehnten Jahrhundert, den Jüngling an der Sonnenuhr) veröffentlicht, die in Zeitschriften zur Geschichte der Kunst und der Uhrmacherei erschienen sind.

Im Palais Rohan richtete Théo Ungerer den Uhrensaal ein, in dem die Schätze des Straßburger Münsters, der Stadt Straßburg und des Unternehmens Ungerer zusammengetragen wurden.

Die Tierkreiszeichen.
Die Figur der Jungfrau ist ganz offensichtlich Alice, damals die Verlobte von Théo Ungerer.

Die bedeutendste Arbeit meines Vaters, sein Meisterwerk, war der Entwurf und Bau der größten astronomischen Uhr der Welt in Messina auf Sizilien. 1908 wurde die Stadt durch ein Erdbeben und eine Springflut verwüstet. Sechzigtausend Menschen verloren dabei ihr Leben.

Beim Wiederaufbau des Doms errichtete man einen fünfundsechzig Meter hohen Glokkenturm. Mgr. Paino, Erzbischof von Mes-

Théo Ungerer vor dem Kalender der astronomischen Uhr von Messina.

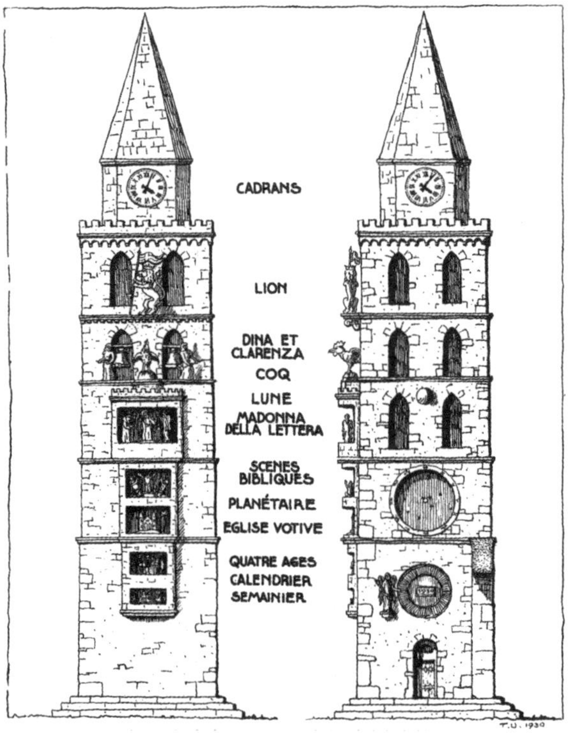

Die von Théo Ungerer konzipierte astronomische Uhr im neuen Glockenturm des Doms von Messina.

Der Dom von Messina
vor seiner Zerstörung im Jahre 1908.

sina, hatte den Einfall, eine gigantische astronomische Uhr bauen zu lassen, deren Figuren in natürlicher Größe an der Fassade verschiedene Szenen aus der Bibel darstellen sollten. Sein Mitarbeiter, Mgr. Luigi Bensaja, setzte sich mit den Werkstätten Ungerer in Verbindung, den einzigen, die ein solches Projekt verwirklichen konnten.

In den übereinanderliegenden Maueröffnungen der Hauptfassade folgen nacheinander die Wochentage – sieben Wagen, inspiriert von heidnischen Gottheiten –, der Tod und die vier Lebensalter sowie vier biblische Szenen, die je nach dem liturgischen Kalender wechseln. Eine letzte Szene stellt die Übergabe eines göttlichen Privilegs durch

Théo und Alice Ungerer (hinten rechts) mit Mgr. Bensaja und Mitarbeitern im Jahre 1933.

die Jungfrau Maria an die Gesandten Messinas dar. Zu den weiteren großen, mechanisch bewegten Figuren dieser monumentalen Uhr zählt ein enormer Löwe, der die Provinz Messina verkörpert. Diese große Zahl von Figuren, die sich auf verschiedenen Etagen mit höchster Präzision bewegen, erforderte eine Unmenge von Hebearmen, Rollen und Leitungen. Ganz zu schweigen von der Schiffssirene, deren Lamellen man zur Hälfte entfernt hatte, damit sie keine hohen Töne produzierte, sondern im verlangsamten Ablauf das Brüllen eines Löwen hören ließ. Für den astronomischen Teil dienten die Uhr am Straßburger Münster und die von Schwilgué berechneten Verhältnisse der Verzahnungen als Vorbild. Doch beim Planetarium von Messina kamen Uranus, Neptun und Pluto hinzu, die in der Zwischenzeit entdeckt worden waren. Neu war auch, daß man Kugellager einsetzte. Nach mehr als einem Jahrhundert wurde die von Schwilgué konzipierte Maschine zum Schneiden der Verzahnung benutzt (1993 von der Familie Ungerer dem ›Œuvre Notre-Dame‹ übergeben). Diese Maschine ermöglicht es, den zehnmillionsten Teil eines Kreises zu teilen! Der Kalender, zu riesig, um über die Alpen transportiert zu werden,

Als Beispiel für die unglaublichen Berechnungen, die für dieses Werk durchgeführt wurden, vermerkt ›La Vie en Alsace‹ hinsichtlich des Planetariums, dessen Räderwerk in der Abbildung rechts zu sehen ist, daß »Neptun einen Umlauf in 59 875 Tagen 19 Stunden, 4 Minuten und 37,2 Sekunden durchführt, mit einer Winkelabweichung von 1° 49,8' pro Umlauf, gleich 0° 00' 40,05"«

Dieses mechanische Gewirr ist allein für die Osterszene notwendig, in der Christus aus dem Grab aufersteht und den aus dem Schlaf hochfahrenden römischen Wächtern seine Wunden zeigt.

wurde auf dem Seeweg befördert. Ich weiß bis heute nicht, wie man ihn auf den Turm gebracht und dort oben montiert hat.

Ich glaube, dieses große Werk von Messina markierte das Ende einer Epoche, in der das technische Genie sich – wie bei Bugatti – in einem ästhetischen Schaffen verwirklichte, in der Kunst und Handwerk sich ergänzten und der Geist sogar der Abstraktion einen praktischen, sinnlichen und sensiblen Ausdruck verlieh. Heutzutage würde ein solches Projekt von der Informatik und ihrem Chipsgewimmel entwickelt, würden die sperrigen Mechanismen bewegter Bilder durch anonyme Bildschirme ersetzt.

Nur Künstler wie Tinguely und Depoutot stellen ihr Talent noch in den Dienst einer solchen spielerisch-exakten Mechanik.

Das Erwachen eines Künstlers

Von Théo Ungerer 1914 als Student in Karlsruhe angefertigte Skizze.

Ist Begabung vorherbestimmt?
Genauso wie die notwendige Disziplin,
damit sie sich entfalten kann?

Zeichnung des Straßburger Münsters, vom Hof des Lyzeums Fustel-de-Coulanges aus gesehen.

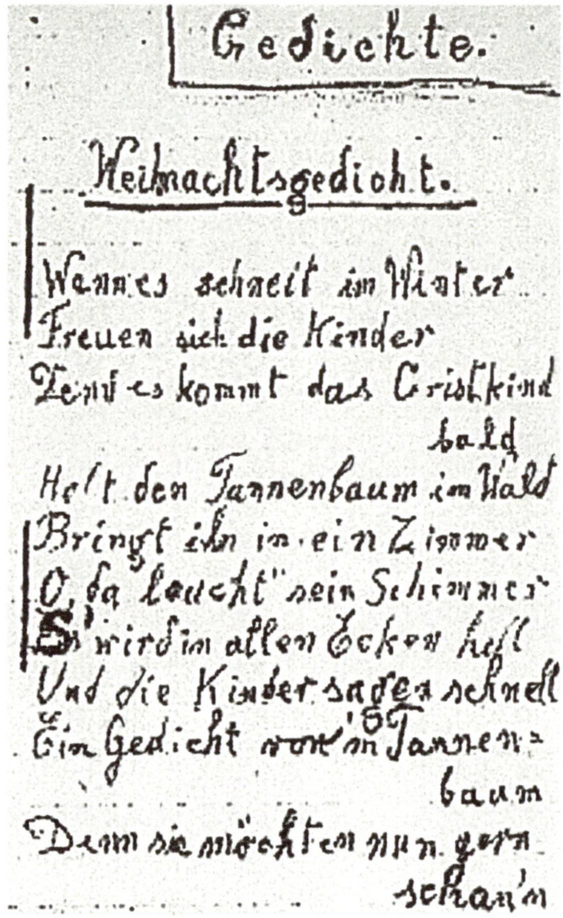

Gedichte.

Weihnachtsgedicht.

Wannes schneit im Winter
Freuen sich die Kinder
Denn es kommt das Cristkind bald
Holt den Tannenbaum im Wald
Bringt ihn in ein Zimmer
O, da leucht' sein Schimmer
S'wird in allen Ecken hell
Und die Kinder sagen schnell
Ein Gedicht vom Tannenbaum
Denn sie möchten nun gern schau'n

Im Alter von acht Jahren auf deutsch geschriebenes Gedicht.

Namensschildchen eines Zeichenblocks

Zeichnungen aus der Kindheit und Jugend. Alles ist noch da, wohlverwahrt, und spiegelt eine ganze Epoche wider. Wie dieses kleine Heft mit Gedichten auf deutsch, die Théo im Alter von acht Jahren geschrieben hat. Sich seines Talents bewußt, übertrug er sie später in eine zweite Sammlung mit dem französischen Titel: *Poésies faites par moi-même (Von mir selbst geschriebene Gedichte).*

Skizze eines Lehrers am protestantischen Gymnasium Sturm.

värmt, begeistert (Heimatsliebe
der Pelznel.)
auch jetzt noch bei
Unnatur, die überall herrsch
zwar nur bis zu einem G
de zur Natur zurückkehren
igen Verhältnissen &

Schon in jungen Jahren füllte mein Vater Skizzenbücher, notierte und illustrierte »gesehene Dinge«. Nichts entging ihm. Ich hätte ihn gerne in diesem Alter gekannt, als sein heranreifendes Talent bereits Funken schlug. Er war das glückliche Kind der Belle Époque, und seine fröhliche Unschuld schützte ihn in einer Zeit sozialer Unruhe.

Eine Skizze Théo Ungerers, bei der sich ein Vergleich mit »Monsieur Racine« aus dem 1971 von Tomi Ungerer veröffentlichten Buch aufdrängt.

Deutsche Uniformen im Elsaß vor 1918. Théo Ungerer war – wie später Tomi Ungerer – fasziniert von Uniformen.

Henri Voltz
e Nochbarsbue

(3)

Germ. ----- Er kummt, er kummt! (Macht Ordnung im Zimmer.)

Henri. Bonjour, ma petite, wie gehts wie stehts Was gibts neijs ass m'r eruffgewunke hesch!! (scherzend) Allewej ebbs arig wichtigs (bittend und den Mund spitzend) Un petit baiser, chérie. (Sie küssen sich

Germ. ....geije 's Abitür geht?

Henri. Ja, zell schun, awwer füer dich, min Liebs, bin ich allewyl freij - Meinsch denn ich dät noch in d'~~Danzstund gehn~~ leçon de dance gehn, wenn dü nit d'rbie wärdsch Un an schunsch in d'r Schüel sin m'r nit so arig préoccupiert, ass es nit damet-wann füer e Küse lange dät.

(4) Löij mol, 's isch ersrsch gescheidert g'sin, do hett unser Schiffer in e paar üs d'r Klass Arrescht geun ...

Germ. ... was isch diss?

Henri. Ei so heisse d'Lehrer un Professer uff Penälerdytsch.

Schon als Gymnasiast schrieb mein Vater für die Lokalpresse. Er beherrschte das Elsässische perfekt. So habe ich ein Theaterstück gefunden, *D'r verunglückt Schwejersohn*, von dem hier ein Auszug abgedruckt ist, und ein Opernlibretto. Seine Korrespondenz belegt, daß er Kontakt zu den Brüdern Matthis, Hans Karl Abel, Gustave Stoskopf und vielen anderen hatte, die ihn zum Schreiben ermunterten.

G'spaß un Ernscht üs'm Elsaß
Beilage der „Straßburger Neuen Zeitung"

D'Hosseträjer.

Vun Th. Ungerer.

D'r Henri isch z'allererscht e großer, großer Brenner, un no kummt noch lang nix, un erscht ganz später isch'r Stüdent so ze saaue. Was er eijetlich stüdiert, weiß ich nit, awer m'r dät fascht meine, d'Architektür, wyl er so viel uf'm Bummel an de Hyser durichlauft; un au füer 's Innewendige vun de große Läde schynt er sich ze-n-interessiere, denn alle Gelte sieh ich 'ne in de Louvre, in de Tensfeldt odder zuem Knopf nin witsche. Er hett halt so sinni Passion un spielt gern de Fitzer. Er het's jo d'rzue; mit sinem schwarze Schnützer un sinne dunkle-n-Aue stecht'r alli Kamerade-n-üs, un e manichs Maidel uf d'r Stroß dräjht 's Köepfel erum, füer ihm noochzelöje. E strammer Kerl, ich mueß 's selwer saaue.

Do 's letscht bin ich emol par hasard üewer de-n-Alte Wynmärik gange; kummt do grad d'r Henri à ma rencontre: „Alter Frind un Kupferstecher, haw-ich zue'm g'saat, wo laufsch denn dü widder emol anne?" — „Ho, ich will m'r grad Hosseträjer bym Knopf hole, kummsch mit?" — „Ei jo, ich brüch doch e neiji Lavallière, do kannsch m'r helfe-n-üssueche mit dinem goût d'artiste, ich helf dir au d'Bretelle schwasiere." Do sin m'r zamme zuem Knopf g'spaziert, durich alli Etage durich, d'Dame-Konfektion au nit ze vergesse, un finalement zue de-n-Elastique. Dort het e netts Gockerle serviert un schun vun wittem het's d'r Henri fixiert. „Monsieur, was beliebt?" — „Bonjour Mademoiselle, saat d'r Henri, un lacht d'rzue, ei, ei was füer roti Backe? Dis kummt allewäj vum viele Schaffe! M'r wott grad nynpfeze." — „Jo, was mache Sie füer Plän, ich hab doch nix!" — „Allons, allons, m'r welle liewer nit zue genau kuntrolliere." Er het grad vun ebs andrem anfange welle ze redde, do haw-ich 'ne g'stupft: „Ze mach doch, Henri, hesch jo Bretelle gewellt!" — „Ah ja, hesch erecht. Wie isch's Mamsell Fifine, ob Sie Hosseträjer han?" — „Allewäj! Roseroti?" — „Tiens, tiens, ich hab noch nit gewüeßt, daß d'Maidle Hosseträjer han; derf m'r Ihri sehn?" — „Awer nein, Monsieur, so ze redde; ich bin jo ganz scheniert. — Do sin Bretelle füer Sie, ganz schöeni, d'neijscht Pariser nouveauté." — „Aha, voilà l'affaire, do isch Läwe; zaj Theophile, jetz löj! — Was meine Sie, Mamsell Fifine, sin die blöje lang genue?" — Mais naturellement, die lange jo zweimol." — „Tja, ich weiß nit, miner Buckel isch halt gar lang vun de viele Litt, wo mir 'ne nuffrutsche köenne! — Awer die rote do sin schöen! Grad d'Farb vun Ihrer ceinture; han Sie 's Rote gern, Mamsell Fifine?" — „O, 's kummt druf an by wem." — „Ah, so, meine Sie, es dät mir stehn?" — „Mais, bien sûr! Was dät Ihne nit guet gehn, au noch wenn's rot isch!" — „Ja, wenn die jetz starik genue sin, dät ich se nemme." — „Starik genue? Dis will ich meine!" — „Köennt ich mich dran uffhenke, ohne daß sie verrisse?" — „Allez, wer wurd so dumm Dings redde; es wär jo schad. . ." — „Um d'Bretelle? Et b'en merci. — Jetz awer zeihje Sie emol am andre End, daß m'r sie üsprowiere, denn wenn ich z'morjes mini gymnastique libre d'rmit mach, System Müller, do heißt's ebbs üsg'halte! — Ja, ich glaub dis sin d'richtige; wenn Ihne die rot nuance so guet g'fallt, mueß ich sie halt nemme." — „Also die rote? A la bonheur! Brüche Sie sunscht noch ebbs?" — „Nein, leider nit, awer 's nächscht Mol kumm ich widder; no fröj ich, ob Sie jartière han! Adieu Fifine!" — „Adieu, Monsieur Henri! Do isch's Zettele, Kass' füenf!" — Do sin m'r no an d'Kass' füenf gange, un d'r Henri het sini Hosseträjer kriejt. Füer jetz noch e Krawatt ze kaufe, hätt's zue lang gedüert, un m'r sin glich nüs. Awer im Gehn het d'r Henri zue m'r g'saat: „Weisch, es isch doch fuericht, jetz kauf ich mir do e Paar Bretelle un hab d'heim noch dreij Paar neiji leije!" — „Comment? Dis wärde vier Paar? — Ja,ja, ich saa jo, do kannsch nix mache; awer wenn ich emol brüch, no kumm ich zue dir!"

Eine kleine humoristische Geschichte auf Elsässisch, von Théo Ungerer in der ›Straßburger Neuen Zeitung‹ vom 12. Juli 1914 veröffentlicht.

Während Mama unbekümmert auf dem Fahrrad umherfuhr, sprach man schon von »Frauenrechten«, was meinen Vater aufbrachte.

Mit dem Pantographen erzeugte Schattenbilder ergeben sehr beeindruckende Effekte.

Musik spielte im Leben meiner Eltern eine große Rolle. Papa begleitete auf der Geige Mamas Klavierspiel. In ihrer Sammlung von Grammophonplatten finde ich den *Indischen Marsch* von Rimski-Korsakow, die *Ungarischen Rhapsodien* von Liszt und Auszüge aus Wiener Operetten, die mich in meiner Kindheit begleitet haben und die ich oft singe, um Leute zu unterhalten. *Zwei Herzen im Dreivierteltakt* oder *Auch du wirst mich einmal betrügen, auch du.* Kein französisches Chanson, und Jazz war nicht existent.

Von Théo Ungerer 1912 als Schüler des protestantischen Gymnasiums angefertigte Skizzen des Straßburger »Großen Durchbruchs«.

Straßenszene in Straßburg

Foto der Brüder Ungerer und ihrer Schwester Marianne im Jahre 1914. Théo und Fritz waren schon zur deutschen Armee eingezogen worden, Charles sollte später an die russische Front geschickt werden.

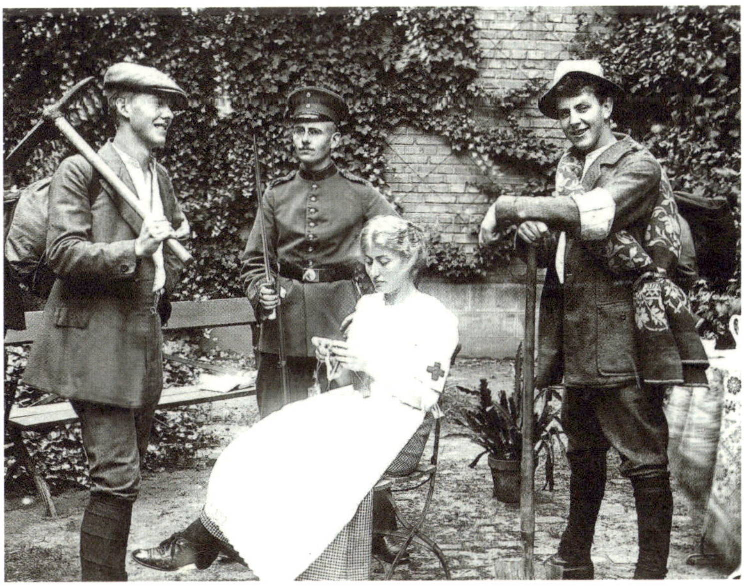

Eine Liebe auf den ersten Blick

Erster Brief des jungen Théo Ungerer an Alice am Abend ihrer Begegnung, dem 3. Juli 1912.

Mein Fräulein,
wie einen Blitz aus heiterem Himmel empfinde ich es, Sie hier in Colmar getroffen zu haben, denn in Ihnen habe ich mein Ideal gefunden, das bisher nichts als ein Traum war. Sie können sich die Gefühle nicht vorstellen, die Sie, seit ich Sie zum ersten Mal gesehen habe, in mir geweckt haben. Seien Sie nicht grausam, ich flehe Sie an; wenn Sie meine glühende Liebe nicht erwidern können, leugnen Sie es nicht, sagen Sie es mir offen heraus. Ich will nicht sagen, daß Sie mir das Herz brechen würden – Sie könnten meinen, daß dies eine pathetische Übertreibung sei. Doch Sie würden mich unendlich unglücklich machen.

Was auch immer Ihre Antwort ist, ich werde Ihnen niemals deswegen zürnen, dafür liebe ich Sie zu sehr.

Théo U.

Théo Ungerer, um 1920

Erinnerungen an eine Liebe auf den ersten Blick

Brief von Théo Ungerer an seine Frau Alice vom 17. Oktober 1933.

Weißt Du, daß es heute genau vierzehn Jahre her ist, daß eine alte Stadtbahn uns holpernd nach Wintzenheim gebracht hat, dieses zauberhafte kleine Dorf am Fuß vom Hohlandsbourg, wo wir einander vor dem Bürgermeister Treue geschworen haben und dieser wackere Mann uns für das Leben vereint hat? Wie fern ist diese Zeit, wie scheint es uns doch, daß wir an jenem Tag Kinder gewesen seien. Fritz und Henri waren unsere Zeugen, und als wir nach Logelbach zurückkehrten, wieder holpernd in dem alten Wagen der Stadtbahn, der einer grünen Minna ähnelte, hatte Suzanne einen bezaubernden Tisch gedeckt, mit Blumen und schönen Dingen geschmückt … Wie liegt das weit zurück. Und doch sind unsere Herzen nicht anders geworden; sie sind jung und empfindsam geblieben wie in den ersten Tagen unserer großen Liebe. Heute, als wir uns in der Stadt vor Boka verabredet hatten, habe ich es so eingerichtet, vor Dir dazusein. Und während ich auf Dich wartete, habe ich die Zeit wiederaufleben lassen, da ich Dich als junges Mädchen gekannt habe, und ich hatte die gleichen Gefühle freudiger und ungeduldiger verliebter Erwartung; ich fühlte mich zwanzig Jahre zurückversetzt, und während ich auf dem Trottoir auf und ab ging, murmelte ich ganz leise: *»Alice, ich liebe Dich.«*

Alice Ungerer, um 1920

Noch bevor er Mama traf, zeichnete Papa diesen jungen Verliebten, der den Namen seiner Angebeteten wie in dem Lied *Am Brunnen vor dem Tore* in die Rinde eines Baums schneidet.

Théo und Alice Ungerer. Auszug aus einem Skizzenheft. Der kleinen Fledermaus, die den Rahmen zieht, fehlt es nicht an Witz. Diese Technik der Belebung des Rahmens setzt auch Tomi Ungerer häufig ein.

Meine Mutter vor dem Haus in Logelbach bei Colmar. Aus den Nüssen des Walnußbaums konnte man ein gutes Salatöl pressen. Er wurde nach dem Krieg gefällt. Die Haselnußsträucher dagegen gibt es noch heute.

Während des Ersten Weltkriegs wohnten die drei jüngsten Töchter Essler (Suzanne, Alice und Loulou), eine hübscher als die andere, in einem Haus in Logelbach, das man das »Dreimädelhaus« nannte, nach dem Titel eines damals sehr populären Buchs. Mama und ihre Schwestern dienten meinem Vater als Inspiration. Damals entdeckte er für sich die Pastellmalerei und den Pantographen, mit dem sich Schattenbilder erstellen ließen.

Alice

Suzanne

Loulou

– – Rärä-tätä – – rati-tata – –

Die Ohren auf!! Die Augen da!!
Ein Unerhörtes Gaudium
Ging in Bavariens Lande um

– – Tschingdum derassa – blumm bum bum – –

Es blitzte das Rad mit Summ & Brumm
Die Nase vor der Rücken krumm
Mit Horrido & Hussassa
Das wilde Heer – schon ist es da!

– – Rati – – tata – –

1. Sang

Vom schiesst so sicher & so schnell
Wie einst der Meister Wilhelm Tell –
Seht! Bi-Ba-Bo mit Satteltier – –
Mit Recht verwundert ihr sie hier.

Doch schon kommt melancholisch heiter
Geschäfts-, bedächtig Trampelnd weiter
Angelikachen angeronnen
Amaliens Klaue schlau entronnen.

Und schon sind sie hier im Flug,
Wartend auf den Güterzug
Der aus Ambergs dunklem Schacht
Einen sechsten ihnen bracht',
Einen Jüngling still & stumm
Schüchtern, brav, so lieb & fromm

Mal & Zeichen-
genius
Luke Theodo-
sius.

Na ja, zu fünfen geht es auch –

Schon regnets wieder wie ein Schlauch
Doch dieses alles schadet nix
In Tempo geht es flott und fix
Da bietet sich vor Wind & Wetter
Abseits vom Weg ein edler Retter:
Ein malerisches Sommerhaus
Das Wirtshausschild steht
weit heraus.

„Zum Kreuzweg" ist das Ding benannt,

Die Wirtin ist auch gleich zur Hand: –
„Grüss Gott die junge Herrschaft all',
„Bringt Sie gut Wetter mit ins Tal?"

Auszüge aus dem Fahrtenbuch einer Fahrradtour, geschrieben und gezeichnet im Stil von Wilhelm Busch. Was für eine Spontaneität, was für ein freier zeichnerischer Ausdruck! Und mit welcher Unmittelbarkeit der Text zu Papier gebracht ist, in flüssigen Reimen, die nicht aus dem Tritt kommen!

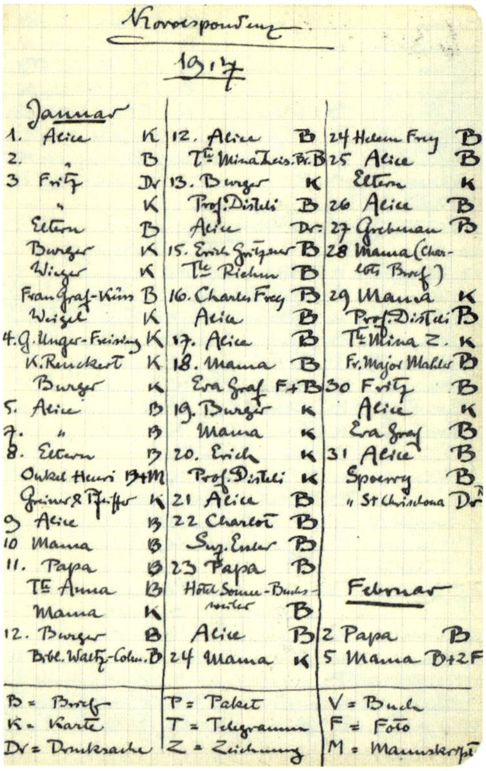
Korrespondenz
1917

Januar

1. Alice	K	12. Alice	B	24 Helene Frey	B
2. „	B	Tte Mina Zeis. Fr.	B	25 Alice	B
3 Fritz	Dr	13. Burger	K	Eltern	K
„	K	Prof. Distéli	B	26 Alice	B
Eltern	B	Alice	Dr.	27 Grebinan	B
Burger	K	15. Erich Gritzner	B	28 Mama (Charlotte Brief)	
Wieger	K	Tte Richun	B		
Fran Graf-Kuns	B	16. Charles Frey	B	29 Mama	K
Weigel	K	Alice	B	Prof. Distéli	B
4. G. Unger-Freising	K	17. Alice	B	Tte Mina Z.	K
K. Rinckert	K	18. Mama	B	Fr. Major Mahler	B
Burger	K	Eva Graf	F+B	30 Fritz	B
5. Alice	B	19. Burger	K	Alice	K
7. „	B	Mama	K	Eva Graf	B
8. Eltern	B	20. Erich	K	31 Alice	B
Onkel Henri	B+M	Prof. Distéli	K	Spoerry	B
Greiner & Pfeffer	K	21 Alice	B	„ St Chrischona	Dr
9 Alice	B	22 Charlot	B		
10 Mama	B	Sug. Euler	B		
11. Papa	B	23 Papa	B		
Tte Anna	B	Hotel Sonne-Badenweiler	B	Februar	
Mama	K				
12. Burger	B	Alice	B	2 Papa	B
Brbl. Waltz-Colm.	B	24 Mama	K	5 Mama	B+2F

B = Brief
K = Karte
Dr = Drucksache
P = Paket
T = Telegramm
Z = Zeichnung
V = Buch
F = Foto
M = Manuskript

Aufstellung der abgeschickten und erhaltenen Post mit einem ausgefeilten Code.

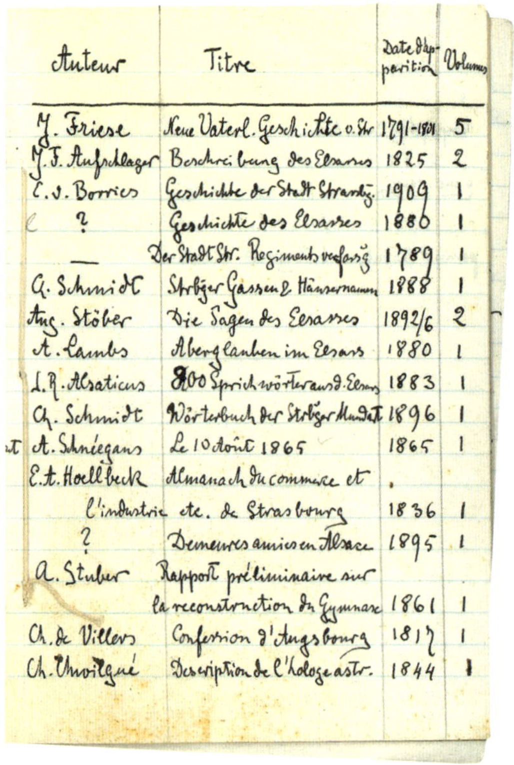

Auteur	Titre	Date d'apparition	Volumes
J. Friese	Neue Vaterl. Geschichte d. Str.	1791-1801	5
J. J. Aufschlager	Beschreibung des Elsasses	1825	2
E. v. Borries	Geschichte der Stadt Strassburg	1909	1
?	Geschichte des Elsasses	1880	1
—	Der Stadt Str. Regimentsverfassg	1789	1
G. Schmidt	Strbger Gassen & Häusernamen	1888	1
Aug. Stöber	Die Sagen des Elsasses	1892/6	2
A. Lambs	Aberglauben im Elsass	1880	1
J. R. Alsaticus	800 Sprichwörter aus d. Elsass	1883	1
Ch. Schmidt	Wörterbuch der Strbger Mundart	1896	1
A. Schnéegans	Le 10 Août 1865	1865	1
E. A. Hoellbeck	Almanach du commerce et l'industrie etc. de Strasbourg	1836	1
?	Demeures anciennes en Alsace	1895	1
A. Stuber	Rapport préliminaire sur la reconstruction du Gymnase	1861	1
Ch. de Villers	Confession d'Augsbourg	1817	1
Ch. Uhvoilgué	Description de l'Horloge astr.	1844	1

Liste der erworbenen Bücher, im allgemeinen Alsatika.

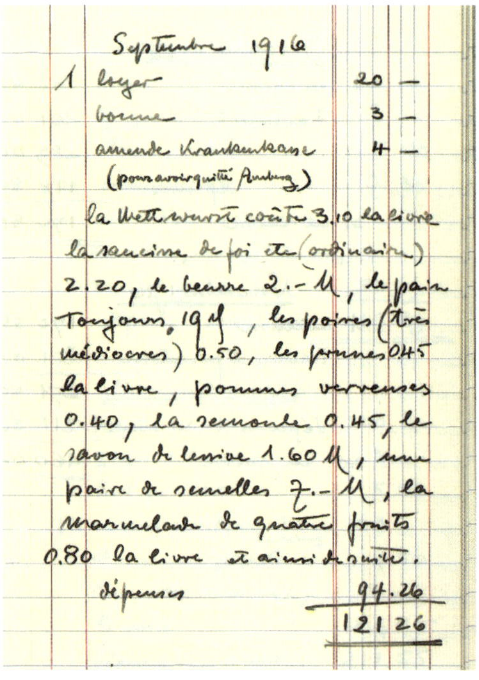
Septembre 1916

1 loyer 20 —
bonne 3 —
amende Krankenkasse 4 —
(pour avoir quitté Amberg)

la Wettwurst coûte 3.10 la livre la saucisse de foie etc. (ordinaire) 2.20, le beurre 2.– M, le pain toujours 19 ℳ, les poires (très médiocres) 0.50, les prunes 0.45 la livre, pommes verreuses 0.40, la semoule 0.45, le savon de lessive 1.60 M, une paire de semelles 7.– M, la marmelade de quatre fruits 0.80 la livre et ainsi de suite.

dépenses 94.26
121 26

Seite eines Ausgabenbuchs, während der deutschen Zeit auf französisch geführt.

Einige Beispiele für den stark ausgebildeten Ordnungssinn meines Vaters. Bemerkenswert ist der Wechsel zwischen Französisch und Deutsch. Ich habe die gleiche Marotte wie er. Ich finde die Lektüre meiner Jugend wieder, wenn ich die Kauflisten meiner Bücher durchgehe.

In einem Park in Karlsruhe

Als Student in Karlsruhe begann mein Vater mit der Ölmalerei. Zur damaligen Zeit war man der Meinung, daß die bildenden Künste in der Schule gelehrt werden sollten. Und wirklich, Zeichnen kann man lernen – mit Strenge und Disziplin. Je meisterlicher man es beherrscht, desto mehr Freiheit mit Feder oder Stift kann man sich später nehmen. In meinem Fall war es so, daß ich eine ganze Weile nach den Studienjahren versucht habe, die verlorene Zeit aufzuholen, indem ich auf meine eigene Art Zeichnen lernte, um meinen Stil zu verbessern. Mit zweiundzwanzig, in dem Alter, in dem mein Vater dieses Gemälde schuf, wäre ich nicht in der Lage gewesen, ein Ölbild von solcher Qualität zu malen.

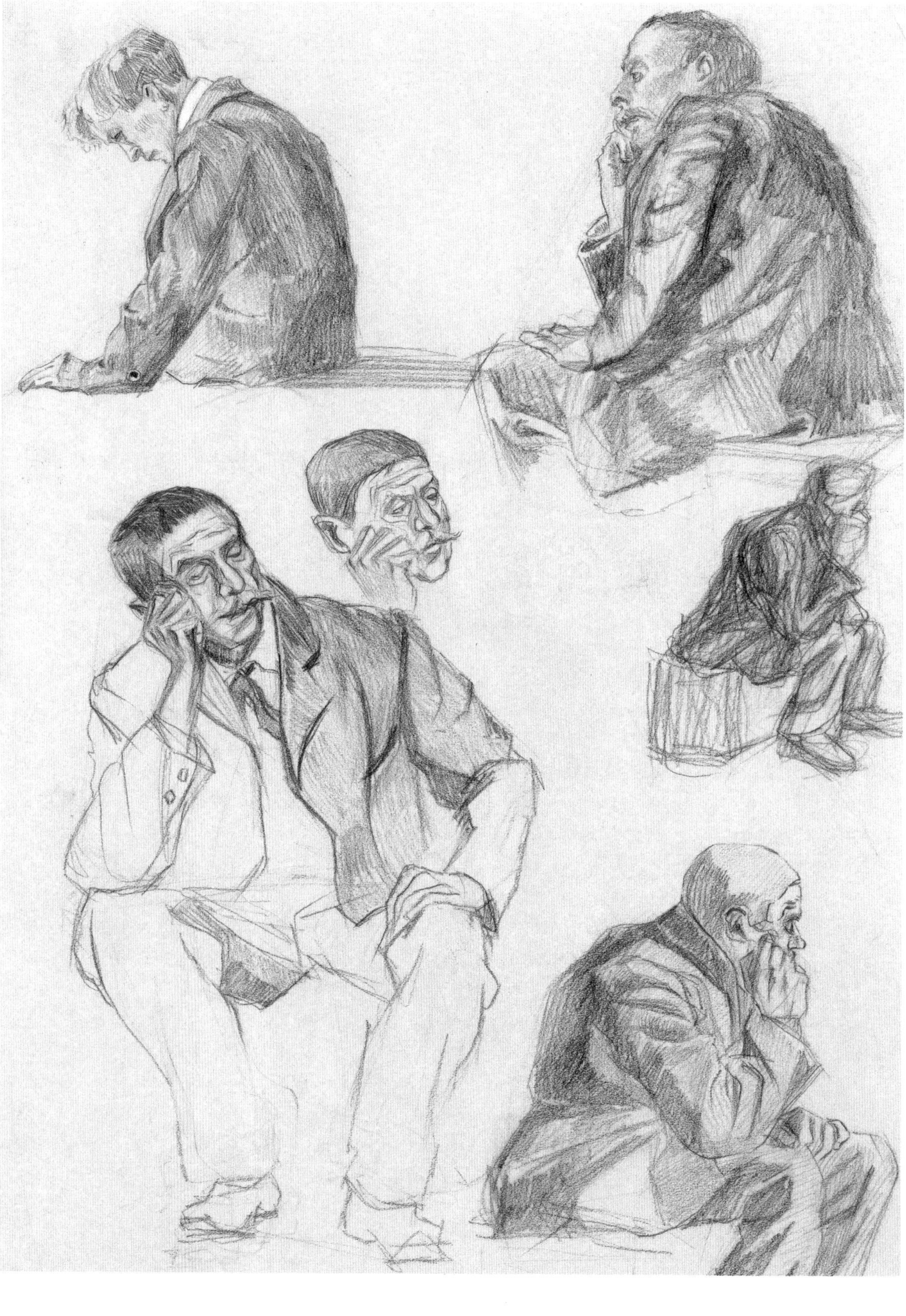

Künstlerische Erziehung nach Théo Ungerer

Text aus einem Notizbuch Théo Ungerers

Ich verdanke meinem Vater und meiner Mutter eine sehr gute Erziehung, die mir mehr wert ist als ein großes Vermögen, denn wozu nützt viel Geld, wenn man das Talent hat, es schneller zu verschwenden, als es da ist? Ich gebe gerne zu, daß der angeborene Charakter eine große Rolle bei der Bestimmung des Menschen spielt, aber vergessen wir nicht, daß der Mensch in jungen Jahren sehr formbar und es die Pflicht der Erziehung ist, ihn in eine gute Richtung zu lenken. Wehe, wem die strenge Hand des Vaters, die sanfte Hand der Mutter fehlt! Er kennt nicht die Freude, sich auf den rechten Weg führen zu lassen, er verirrt sich, ohne sich dessen bewußt zu werden, in Hohlwege, dunkle Sackgassen des Bösen. Ich sage nicht, er sei selbst schuld daran, doch ich beklage ihn.

Glücklich wir anderen, die wir schon in unserer Jugend die Früchte des Baums ernten, den unsere Eltern gepflanzt haben, den sie gehegt, mit eigener Hand gewässert haben.

Es ist wohl seltsam mit den Begabungen. Vergißt man sie zu wecken, so schlummern sie bis in Ewigkeit. Läßt man den günstigen Augenblick, sie zu entwickeln, vorübergehen, so werden sie immer säumig sein, wenn es überhaupt gelingt, sie zum Leben zu erwekken. Mein älterer Bruder hatte in jungen Jahren ein feines Talent zum Zeichnen. Kein Gustave Doré, wohlverstanden, doch er fertigte schließlich amüsante kleine Skizzen, sehr naiv und sehr spaßig. Im Alter von neun Jahren in die sechste Klasse gekommen, machte ihm Latein solche Sorgen, daß er von da an Stift und Pinsel für immer vergaß. Er hätte es weiter gebracht als ich. Dies ist ein kleines Beispiel unter vielen anderen. Wenn meine Schwester Marianne nie ein Klavier zu Gesicht bekommen hätte, was würde sie mit ihrer musikalischen Begabung anfangen? Sie singt nur selten. Und Charlot, mein jüngerer Bruder? Und schließlich, was wäre mit mir selbst, wenn ich nicht die berühmten Zeichen- und Aquarellstunden bei dem guten alten Père Knee am Straßburger Lyzeum besucht hätte?

Théo Ungerer hat mit Fleiß und Eifer Zeichenunterricht genommen, wovon insbesondere diese Haltungsstudien zeugen.

Zwei Ölgemälde, die Freunde Théo Ungerers zeigen

Ein entschlossener Strich, gelungene Lichteffekte.
Woher hat er, ohne erkennbaren Einfluß, diesen Stil echter Spontaneität?

Eine ausgezeichnete graphische Arbeit: Der Rauch ist reiner Jugendstil (1915). Mein Vater hat sich zur Rechten dargestellt, mit einer Schirmmütze, die ich wiedergefunden habe und noch heute trage. Er rauchte selten, denn sein Herz erlaubte ihm keine Exzesse. Was den Frosch angeht, würde man schwören, daß ich ihn hinzugefügt habe…

Stuttgart

Kastl

Kastl

Jeder Aufenthalt und jeder Ortswechsel war neues Material für seine Skizzenhefte. So wurde 1918 im bayrischen Amberg eine Sammlung von sechzehn Postkarten veröffentlicht.

Vier Ansichten von Annecy: der See und die Altstadt
Auf der Seite gegenüber: das Schloß im badischen Bruchsal
Auf der folgenden Doppelseite: Park in Karlsruhe

Er versuchte sich an allem, zeigte sich virtuos in jeder Technik, hatte vor nichts Scheu, auch nicht vor dem Aquarell. 1919 absolvierte er ein Praktikum an der ›École nationale d'horlogerie‹ (Nationale Uhrmacherschule) in Cluses bei Annecy und brachte von dort Dutzende von Aquarellen und Zeichnungen mit.

Familienglück

Alice Ungerer und ihre beiden Töchter Édith und Vivette.

Wenn es Glück gibt,
dann in Augenblicken,
die das Flüchtige verzaubern.

Alice als junges Mädchen 1915 auf einer Bank.

Mama, wie hingegossen auf dem Sofa, sicherlich in der Rue des Glacières in Straßburg, wo das junge Paar sich niedergelassen hatte. Eine für die damalige Zeit gewagte Zeichnung. Aber Mama scheint sich auch zu fragen, warum sie eigentlich so schmollend im Winkel sitzt…

Von meiner Mutter habe ich gelernt,
wie man Strümpfe stopft.

Théo und Alice Ungerer
mit ihren ersten beiden Kindern
Édith und Vivette.

Vivette

Vivette und Édith

In der großen Familie Ungerer findet man keinen Rebellen. Hat man mich auf den Stammbaum gepropft?

Édith

Édith auf der Schaukel

Alice und Vivette 1928 vor einem Kornfeld

Mama auf dem Hohrodberg in den Vogesen, wo meine Eltern am liebsten die Sommerfrische verbrachten. Vom Hörnliskopf, der das Münstertal überragt, hat man einen Blick auf die blaue Linie der Vogesen. Auf diesem Gipfel stand früher eine riesige Tanne, ein Ort magischer Begegnungen. Sie wurde im Krieg gefällt, weil sie für die Bomber der Alliierten als Anhaltspunkt diente.

Folgende Seiten: Das Münstertal

Ich bewundere den künstlerischen Wagemut meines Vaters, der ohne Zögern ein Pastell von der Strahlkraft eines Ölbilds auf dunkles Papier aufträgt. Wie viele Exkursionen verdanke ich doch ihm und seinen wunderbaren Skizzen. Ich bin erfüllt von seiner Liebe zur Natur, und jeder Baum ist für mich wie ein Gebet.

Eine Jahreszeit voll und ganz erleben, ihre Farben, Gerüche, Temperatur in sich aufnehmen; ein Gefühl empfinden, das die Schönheit bis in alle Ewigkeit fortdauern läßt.

Alice und ihre beiden Schwestern. Ein Sonntag in weißen Kleidern.

Woher nahm er – im Räderwerk von Uhrmacherei, Fabrik, Vorträgen, Werken und Studien – nur die Zeit und die Energie für all diese Gemälde und Zeichnungen? Sicherlich war er auf Ausgleich bedacht und hatte das Bedürfnis, neue Kräfte zu sammeln. Doch um den Preis welch eiserner Disziplin!

Der Triumph des Wesentlichen: eine Wiese, ein Haus, der Himmel. Ohne einen Effekt erzielen zu wollen, drückte mein Vater ganz einfach einen Seinszustand aus.

Im Oktober 1926 ließ sich mein Vater mit seiner Familie in der Rue Jean-Jacques-Rousseau im Erdgeschoß der Villa nieder, für die er selbst die Pläne gemacht hatte. In leicht größenwahnsinnigen Anwandlungen gerieten die ersten Entwürfe (siehe Abbildung oben) eher schloßähnlich, doch die Villa wurde auf vernünftigere Proportionen reduziert (siehe Abbildung unten und Seite gegenüber). Dort habe ich meine ersten Schritte getan, vor dem Weihnachtsbaum mit seinen Lichtern. Wie eine Schnecke, die ihr Gehäuse verlassen hat, bin ich in dieses Haus zurückgekehrt. Es ist mein Energiequell geworden. Nicht auf dem Friedhof finde ich meine Eltern wieder, sondern hier. Hier bin ich willkommen. Sie sind da.

Tomi als Teufelchen! Von Théo Ungerer bemaltes Foto.

Thomas, lundi matin, accusait une augmentation de 50 gr.; il a tout augmenté :

la 3e semaine	de	140 gr	
– 4e –	–	80 –	
– 5e –	–	50 –	
– 6e –	–	100 –	
– 7e –	–	120 –	
– 8e –	–	170 –	
– 9e –	–	230 –	!!

après la pesée il avait une selle de 40 gr.

Mit der Genauigkeit einer Uhr notierte Théo Ungerer die Gewichtszunahme seines Sohnes. So hielt er auch fest, daß dieser nach dem Wiegen noch einen Stuhlgang von 40 Gramm hatte.

Vivette, Tomis große Schwester, erzählt in ihrem Tagebuch von der Geburt des Bruders

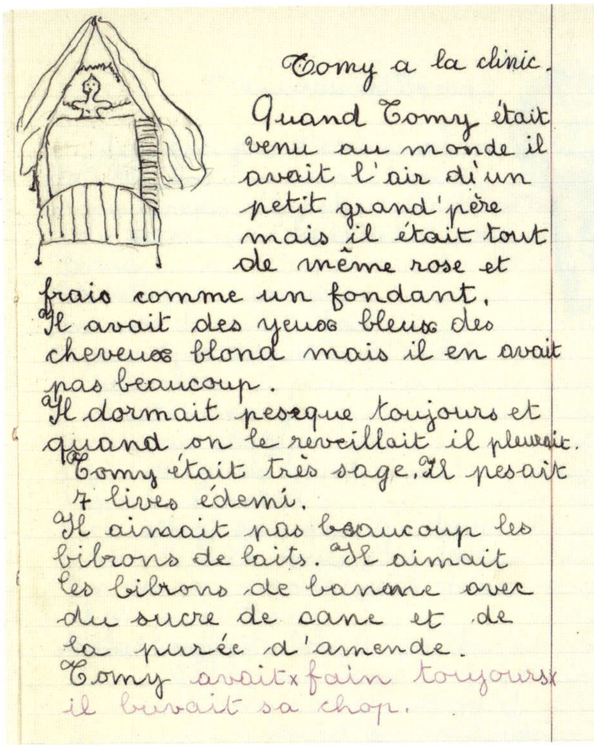

Tomy a la clinic.

Quand Tomy était venu au monde il avait l'air di'un petit grand'père mais il était tout de même rose et frais comme un fondant.
Il avait des yeuxs bleuxs des cheveuxs blond mais il en avait pas beaucoup.
Il dormait pesque toujours et quand on le reveillait il pleurait.
Tomy était très sage. Il pesait 7 lives édemi.
Il aimait pas beaucoup les bibrons de laits. Il aimait les bibrons de banane avec du sucre de cane et de la purée d'amende.
Tomy avaitx faim toujoursx il buvait sa chop.

Tomy in der Klinik

Als Tomy auf die Welt gekommen ist hat er ausgesehen wie ein kleiner Opa aber er war trotzdem ganz rosig und frisch wie ein Bonbon. Er hatte blaue Augen blonde Haare aber nicht viele.

Er hat fast die ganze Zeit geschlafen und wenn man ihn aufgeweckt hat hat er geweint. Tomy war sehr artig. Er hat sieben und ein halbes Pfund gewogen.

Er hat sein Fläschchen mit Milch nicht sehr gemocht. Er hat Bananenfläschchen mit Rohrzucker und Mandelpüree gemocht. Tomy hat immer Hunger gehabt und hat sein Fläschchen getrunken.

Bernard, Vivette, Tomi und ein Kugelopf

Tomi Ungerer mit seiner Mutter

Je rêve en ce jour si tendre
Jeudi le 28 novembre
Qu'une petite voix me dit:
»Tiens-toi prête, mami,
Ce sera aujourd'hui.«
Saisie jusqu'aux larmes j'attends
Qu'il arrive le cher enfant
Fille ou garçon, je le prends,
Pourvu qu'il soit bien portant!
Ouf! Il arrive à grands cris
C'est un fils, c'est mon Tomi!

Ich träume an diesem so lieblichen Tag,
Donnerstag dem 28. November,
daß eine leise Stimme zu mir sagt:
»Halt dich bereit, Mami,
heute ist es soweit.«
Zu Tränen gerührt warte ich,
daß das liebe Kind kommt,
Mädchen oder Junge, das ist mir gleich,
wenn es nur gesund ist!
Uff! Er kommt mit lautem Geschrei,
Es ist ein Junge, es ist mein Tomi!

Gedicht von Alice Ungerer
zur Geburt ihres Sohnes Tomi.

Der Kult der Schönheit

Alice Ungerer,
Frau von Théo Ungerer,
Mutter von Tomi Ungerer

Für meinen Vater war die Schönheit
eine Botin Gottes.

Zwei Briefe, die mich zum Träumen bringen.
Ein Blatt Papier genügt, das Erhabene auszudrücken.

Logelbach, 6. Februar 1922

Mein armer lieber Schatz,

rasch diese Zeilen, um Dir zu sagen, daß ich mir Deinen Reiseplan genau angesehen und mich nach reiflicher Überlegung entschlossen habe, den Morgenzug zu nehmen, der um 9^{56} Uhr von Colmar abgeht und um 11^{20} Uhr in Basel eintrifft.

Es ist nicht notwendig, daß Du mir schon in Basel entgegenkommst, sofern wir von Brugg an den Rest der Fahrt gemeinsam verbringen, wenn möglich in einem leeren Abteil, um unseren Umarmungen, Liebkosungen etc. freien Lauf zu lassen, die durch unsere Strohwitwenschaft unterbrochen worden sind!

Bald, mein Liebling, mein allerliebster Ehemann, wirst Du mir gehören: Ich werde Dich zerzausen, Dich umschlingen und küssen, und wenn die Nächte kühl sind, wirst Du mich an Deinem Herzen wärmen, mit Deinen Küssen und Deinem ganzen Sein, das mich vor Glück und Freude erbeben läßt!

Alice

Im Zug, 7. Oktober 1933

Mein süßer Liebling,

Du hast mir einmal gesagt – und dies ist mir im Gedächtnis geblieben, als wäre es gestern gewesen –, daß Du Dir wünschtest, wieder einmal einen Liebesbrief von mir zu erhalten. Nun, da ich im Zug sitze, der mich von Paris nach Straßburg zurück in Deine Arme bringt, scheint mir, daß es keinen besseren Augenblick als diesen gibt, Deinen Wunsch zu erfüllen. Nachdem ich fünf lange Tage von Dir getrennt gewesen bin, befinde ich mich nun also auf der Rückfahrt, und jede Umdrehung der Räder meines Waggons vermindert die Distanz, die mich von Dir trennt. Um mich herum herrscht eine erwartungsvolle Stimmung. Meine Gedanken eilen dem Zug voraus in die dunkle Nacht und suchen diesen kleinen Winkel, der mir der liebste auf Erden ist, unser Liebesnest, diese Zuflucht vor jedem Sturm, unser Heim, das unser Königreich ist und das Du mit einer Atmosphäre warmer Persönlichkeit und zärtlicher Zuneigung erfüllst.

Wie man doch das Glück erst spürt, wenn es nicht da ist; niemals empfinde ich diese Kraft stärker, als wenn ich zwei oder drei Tage nicht bei Dir war und zu Dir zurückkehre. Dann scheint es mir, daß ich Dich, ohne daß Du körperlich da bist, um mich herum spüre, und jeder Lufthauch, jeder kleine Laut verrät mir Deine Anwesenheit. Dann flüstere ich Sätze und Worte der Liebe in Dein Ohr, nenne Dich bei den Namen, die Du so sehr liebst, und mit einem kaum merklichen Hauch streife ich Deine Lippen, die nach heißen Küssen verlangen.

Mein süßer kleiner Liebling, wie süß Du bist! So lange Jahre sind wir vereint, daß unserer beider Seelen und Körper zu einem einzigen Wesen verschmolzen sind. Ein immer neuer Liebesrausch, immer sinnlicher, hat uns jung wie in der ersten Zeit erhalten, als wir uns unter blühenden Kirschbäumen begegneten. Wenn Gott will, unser lieber guter Gott, der uns stets auf den rechten Weg geführt hat, wird es immer so sein, und wir bleiben jung bis in unsere letzten Tage.

Théo

Eines der wenigen Fotos, auf denen Alice und Théo Ungerer zusammen zu sehen sind, aufgenommen in Théos Büro.

Papa war auch Fotograf. Er hatte einen Selbstauslöser, den er benutzt hat, um dieses Foto aufzunehmen. Er trug einen Kneifer, den ich noch habe und in den ich passende Gläser habe einsetzen lassen. So bleibe ich immer in Sichtweite meines Vaters.

Die Schönheit meiner Mutter inspirierte meinen Vater sowohl zu Zeichnungen als auch zu Fotografien. Dieses von meinem Vater entworfene, von einer Schneiderin angefertigte Kleid gibt es heute noch. Meine Tochter Aria hat es auf ihrem Abiturball in Irland getragen. Das Porträt zur Linken zeigt die Verführerin, ein Dorn im Auge ihrer Schwiegermutter, die Frau, die ihr den Sohn geraubt, ihn von dem durch protestantische und bürgerliche Strenge vorgezeichneten Weg abgebracht hatte.

Seine Zeichnungen und Fotos streben nach der gleichen absoluten Qualität. Zwei Ausdrücke des gleichen Verlangens nach der klassischen Form.

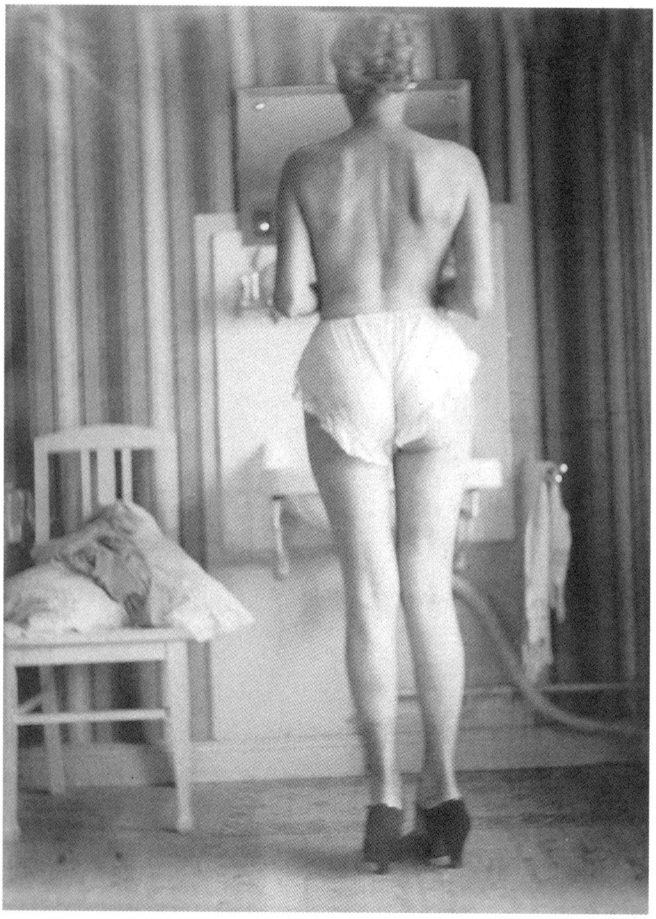

Dann werde ich Dich erneut in die Arme schließen, ganz fest, ganz fest, bis Du stöhnst und mich bittest, den Druck zu lockern, dann wirst Du Deine zarten Alabasterarme um meinen Hals schlingen, Deine Haut wird meine berühren, und in einem bebenden Verlangen werde ich den sinnlichen Duft Deines Körpers einsaugen, und dann werde ich Dich nehmen… ganz! Bis zum köstlichen Rausch der vollkommenen Hingabe, bis zur Raserei werden wir zusammen gehen… Ich denke an nichts anderes mehr.

Théo in einem Brief an Alice

Foto auf Glasplatte von Alice Ungerer, aufgenommen von ihrem Mann Théo.

Als Alice sich einen Bubikopf schneiden ließ, löste sie einen handfesten Skandal innerhalb der Familie aus und zog vor allem den brieflichen Tadel ihrer älteren Schwester Marguerite, Frau eines Evangelisten, auf sich.

Meine liebe Alice,

[...] Lest noch einmal zusammen im Kapitel 11 des ersten Briefs an die Korinther (1 Kor. 11,6,15) die Verse 6 und 15. Zu Zeiten von Jesus und seinen Aposteln schnitt man den ehebrecherischen Frauen zur Strafe die Haare ab. Es ist also eine Schande für eine Frau, kurze Haare zu haben. Heutzutage ist es keine Schande mehr, sondern eine Mode; eine Mode, die es noch nie zuvor gegeben hat. Alle Christen, die sich an das Wort Gottes halten, können diese so ganz gegen die Natur gerichtete Art nur verurteilen. Mit tiefem Mitleid für all die jungen Mädchen und Frauen, die sich von der Mode tyrannisieren lassen, gehe ich durch die Straßen. Wo ist die einstige Sittsamkeit geblieben? Was bleibt noch zu verbergen? Diese Mode, die fast den ganzen Körper der Frau nackt ausstellt, ist nur eines der vielen Zeichen der Dekadenz der ganzen Welt, das Ende nähert sich mit großen Schritten. Wer Jesus liebt, muß sich für seine Wiederkehr bereithalten.

[...] Meine liebe kleine Schwester, wenn ich Dir all dies schreibe, dann um Dir vielleicht ein ganz klein wenig helfen zu können. Ich weiß, daß Jesus nach Dir verlangt und daß Er Dich liebt. Bist Du Dir vielleicht des tiefen Abgrunds nicht bewußt, an dem unsere moderne Welt steht?

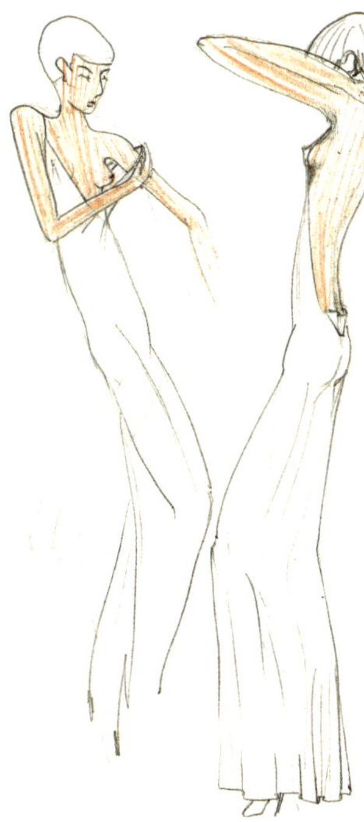

Ich habe in einem Umschlag einige galante Skizzen entdeckt. Man findet hier die festen kleinen Busen wieder, für die Papa – wie ich später! – eine unbestreitbare Vorliebe hatte. Er hat in einer Zeit gelebt, da das Erotische auf kleiner Flamme köchelte, heimlich, nicht eingestehbar. Ich frage mich, ob die Frau mit der Peitsche nicht schon Gelüste offenbart, die ich in meinem Leben als Erotomane entwickelt habe.

Heimeligkeit

Ein elsässisches Gemüt

Bäuerliches Interieur in Woerth, Zeichnung von Théo Ungerer, 1914.

Für ihn war das Elsaß eine Zuflucht,
für mich ist es ein Sprungbrett.

Postkarte von Straßburg, von Théo Ungerer 1912 entworfen.

Mein Vater und ich, wir sind beide mit dem Elsaß und seiner Geschichte verbunden. Er empfand für seine Heimat Achtung und Dankbarkeit, bei mir mischen sich Schuldgefühl und Zweifel darunter. Für ihn hat das Elsaß sein Glück vergrößert, für mich das Unglück. Für ihn war das Elsaß ein schöner Garten, für mich ist es ein Schlachtfeld voller Friedhöfe gewesen. Wir haben das Geschenk geteilt, Elsässer zu sein, doch jeder hat es auf seine eigene Art erlebt: er verwurzelt in seiner Heimat, ich an vielen anderen Orten.

Bauer im Sonntagsstaat. Ganz ein stolzer Elsässer.

Ich erkenne mich in diesem von meinem Vater gezeichneten Elsässer wieder, wie er da mit seinem Schirm in einem Waggon sitzt! Dieser Schirm ist der von Germain Muller, der mich durch seine geistige Ausstrahlung zurück ins Elsaß gebracht hat.

Gleichgültig, welche Technik er anwandte, mein Vater schien sie alle sofort zu beherrschen. In allem, an dem er sich versuchte, brachte er es zur Meisterschaft. Kupferstich erfordert jahrelange Übung, doch mein Vater kam gleich damit zurecht, wie dieser Kupferstich zum Straßburger »Großen Durchbruch«, den er als junger Mann schuf, und die Ansicht von Turckheim im Schnee zeigen. Wie er habe auch ich mich nie mit einem einzigen Stil oder einer einzigen Technik zufriedengegeben. Ich teile mit ihm eine große Leichtigkeit und eine glückliche Hand bei der Ausführung, die es so aussehen läßt, als käme ich auf einem leichten Spaziergang zum Ergebnis, während es sich um einen oft anstrengenden Marsch handelt.

Der Straßburger »Große Durchbruch«, Kupferstich

Turckheim, die Weinstöcke im Schnee, Kupferstich

Die Rückkehr in meine Heimat hat die Bilder meines *Liederbuchs* inspiriert. Zu diesem Zweck bin ich durchs Elsaß gereist, um es zu zeichnen. Mein Vater hatte sechzig Jahre zuvor das gleiche getan. In jedem Dorf habe ich ein Stück meiner Seele entdeckt, in den Fenstern jedes Hauses spiegelte sich der Ursprung meines Schattens wider.

Elsässische Bauernhäuser in Marckolsheim und Schillersdorf.
Auszüge aus einem Skizzenbuch Théo Ungerers.

Anno
dñi
1481
wart
dyß hu
gebuwe

Die Kapelle Herzog in Logelbach. An sie habe ich eine Jugenderinnerung. Es war kurz nach dem Krieg, ich hatte mich mit ein paar Freunden im Nachbarhaus betrunken. Da Alkohol Mangelware war, leerten wir eine Flasche Eau de Cologne. Dann stöberten wir eine Pistole auf und schossen durch ein Fenster auf die Heiligen der Kapelle. Keine Kugel traf ihr Ziel…

Das Elsaß mit seinen Gassen und Höfen. Mein Vater hatte eine Vorliebe für Lichteffekte und verstand sie meisterhaft zur Geltung zu bringen. Das Elsaß ist eine Landschaft in Helldunkel, das einfallende Licht hebt die manchmal düsteren Geheimnisse seiner Geschichte hervor.

Elsaß? Japan? Zwischen Traum und Wirklichkeit.

Belmont, Zeichnung von 1927

Tusche-Skizzen, angelehnt an die Regeln der japanischen Kunst. Die minimale, aufs Wesentliche beschränkte Sicht. Die Beherrschung des Einfachen. Mehr braucht man nicht, um ein Sujet zu meistern.

Diese Entwürfe für Teller haben durchaus ihren Charme, auch wenn die Überbetonung des Folkloristischen dem Stil nicht guttut. 2002, fast ein Jahrhundert nach der Fertigstellung des Entwurfs, hat Marc Elchinger, »couturier de la terre« in Soufflenheim, diese beiden Motive auf Fayence-Tellern herausgebracht.

Hansi, von dessen Stil sich mein Vater bei diesen Zeichnungen hat inspirieren lassen, hat aus dem Elsaß eine große Postkarte gemacht. Er hat unsere Identität verfälscht, beispielsweise indem er von der elsässischen Tracht, die von Dorf zu Dorf variierte, ein starres Bild schuf, oft mit den gleichen Schleifen wie in Baden!

Rebstöcke am Fuß der drei Burgen von Eguisheim

Dies könnte auch der Blick auf einen Soldatenfriedhof sein. Als Elsässer fühle ich mich eingepflanzt, verwurzelt, ich bin Teil einer Rebenart. Es gibt Jahre, die gut sind, wenn man es schafft, mit der Sonne auf du und du zu stehen.

Blick auf Turckheim

Ob die Sonne auf- oder untergeht, sie zeigt Silhouetten. Mein Vater ist gegangen und hat keinen Schatten hinterlassen, sondern klare Konturen, wie die Spitze eines Kirchturms im Himmel, wenn es Nacht wird.

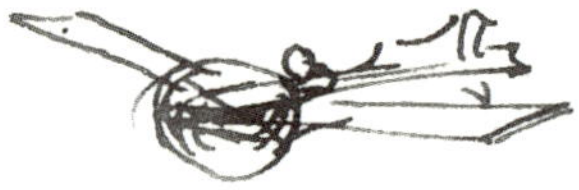

Nachdem man die Vergangenheit überflogen hat, muß man wissen, wie man landet. Das Leben meines Vaters war ein schwungvoller Aufstieg, und dann tauchte da ein großer Ballon vor ihm auf. Er ist in den Himmel verschwunden, in seinen, in meinen, in unseren.

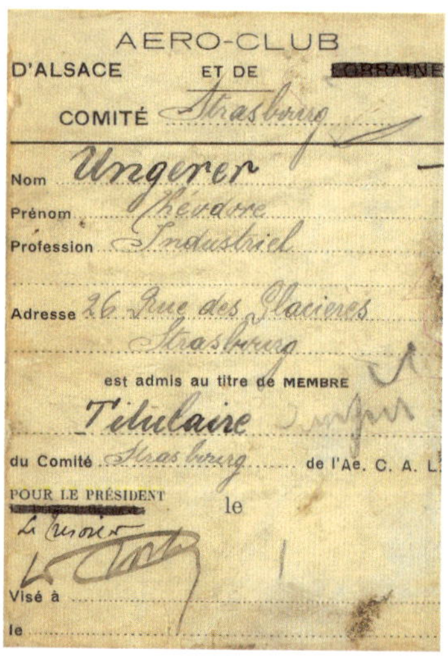

AERO-CLUB
D'ALSACE ET DE [redacted]
COMITÉ Strasburg

Nom Ungerer
Prénom Théodore
Profession Industriel

Adresse 26 Rue des Glacières
Strasburg
est admis au titre de MEMBRE
Titulaire
du Comité Strasburg de l'Ae. C. A. L.
POUR LE PRÉSIDENT le
[redacted]
Le Trésorier

Visé à
le

Mitgliedsausweis des Aero-Clubs Straßburg

Die Ausweise erzählen die Geschichte des Elsaß. So trägt der 1918 in München ausgestellte Paß (1) den Vermerk, daß seine Gültigkeit auf Elsaß-Lothringen ausgedehnt ist. Auf dem Passierschein (2) wird Straßburg als Festung bezeichnet. Der 1928 ausgestellte Führerschein (3) erwähnt den Bas-Rhin und die Basse-Alsace und ist mit einer deutschen Stempelmarke von 1 Mark versehen. Auf dem Ausweis (4) hat Papa die Berufsangabe »Student« durch »Fabrikant« ersetzt, da er in die Ungerer-Werkstätten eingetreten war. Bei (5) handelt es sich um einen 1936 ausgestellten Ausweis, der zu verbilligten Bahnfahrten für kinderreiche Familien berechtigte. Und schließlich der letzte Paß (6), auf dem mein Name schon auftaucht. Das Foto ist im sizilianischen Messina aufgenommen.

1

2

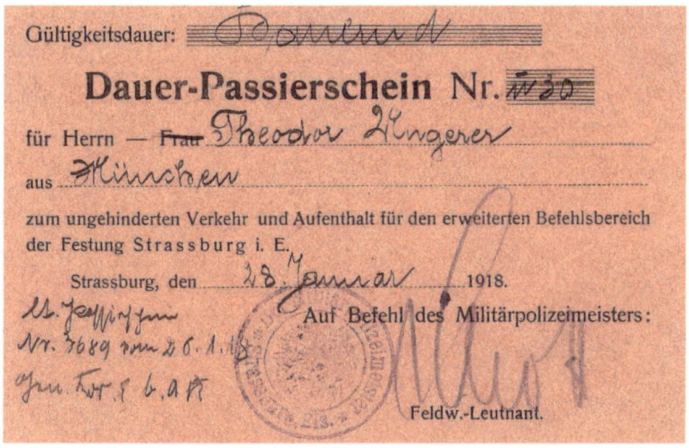
Gültigkeitsdauer: Dauernd

Dauer-Passierschein Nr. 1130

für Herrn — ~~Frau~~ Theodor Ungerer

aus München

zum ungehinderten Verkehr und Aufenthalt für den erweiterten Befehlsbereich der Festung Strassburg i. E.

Strassburg, den 28. Januar 1918.

Auf Befehl des Militärpolizeimeisters:

Feldw.-Leutnant.

3

Valable pour la conduite des véhicules dont le poids en charge est inférieur ou dépasse 3000 Kg.

Permis rectifié le 14 DEC 1926

P. le Préfet

Chef de Division délégué

NOTA.

Les certificats de capacité délivrés par le Préfet d'un département, conformément à l'article 11 du décret du 10 mars 1899, sont valables pour toute la France.

Ils peuvent être retirés après deux contraventions dans l'année. (Art. 32 dudit décret.)

STEMPELMARKE 1 MARK ELSASS-LOTHRINGEN

MINISTÈRE DES TRAVAUX PUBLICS. RÉPUBLIQUE FRANÇAISE. DÉPARTEMENT de Basse Alsace

CIRCULATION DES AUTOMOBILES.

(Décret du 10 mars 1899.)

CERTIFICAT DE CAPACITÉ

valable pour la conduite d'une voiture automobile

(1) Désigner la nature du ou des véhicules auxquels s'applique le certificat.

4

NOM: Ungerer

Prénoms: Théodore

Lieu de naissance: Strasbourg

Date de naissance: 27. 7. 1894

Profession: ~~Etudiant~~ fabricant

Strasbourg, Rue de Labroque No. 18.

Signature: Théodore Ungerer

NOM et prénoms	Lieu de naissance	Date de naissance
1°) du père		
Ungerer Alf.	Strasbourg	2.8.1861
2°) de la mère		
Kiss Ida	Mutterholz	5.6.1872

3°) des enfants de moins de 15 ans résidant sous le toit du titulaire, lorsqu'il est chef de famille

SIGNALEMENT

Visage: oval

Yeux: bleu

Cheveux: blond

Signes particuliers:

5

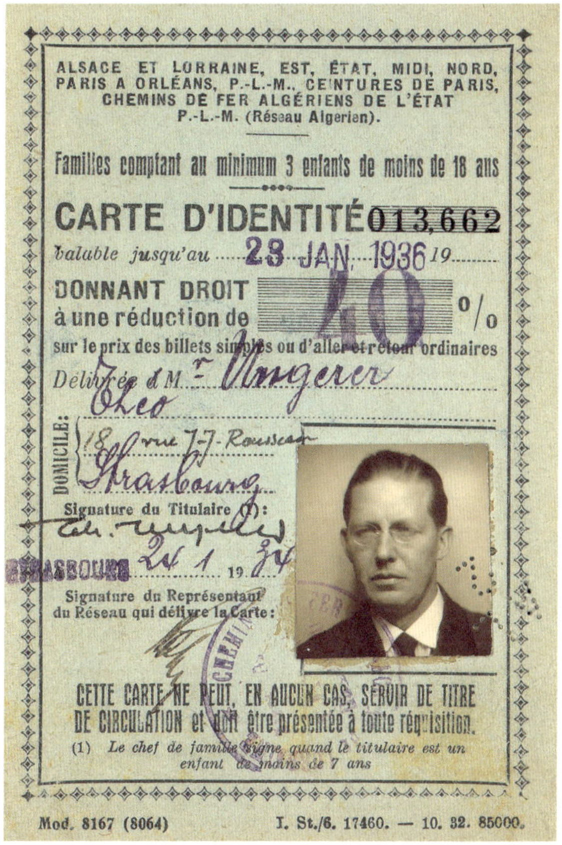
ALSACE ET LORRAINE, EST, ÉTAT, MIDI, NORD, PARIS A ORLÉANS, P.-L.-M., CEINTURES DE PARIS, CHEMINS DE FER ALGÉRIENS DE L'ÉTAT P.-L.-M. (Réseau Algerien).

Familles comptant au minimum 3 enfants de moins de 18 ans

CARTE D'IDENTITÉ 013,662

valable jusqu'au 23 JAN. 1936 19

DONNANT DROIT à une réduction de 40 %

sur le prix des billets simples ou d'aller et retour ordinaires

Délivrée à M.r Ungerer Theo

DOMICILE: 18 rue J.-J. Rousseau Strasbourg

Signature du Titulaire (1):

STRASBOURG 24 1 1934

Signature du Représentant du Réseau qui délivre la Carte:

CETTE CARTE NE PEUT, EN AUCUN CAS, SERVIR DE TITRE DE CIRCULATION et doit être présentée à toute réquisition.

(1) *Le chef de famille signe quand le titulaire est un enfant de moins de 7 ans*

Mod. 8167 (8064) I. St./6. 17460. — 10. 32. 85000.

6

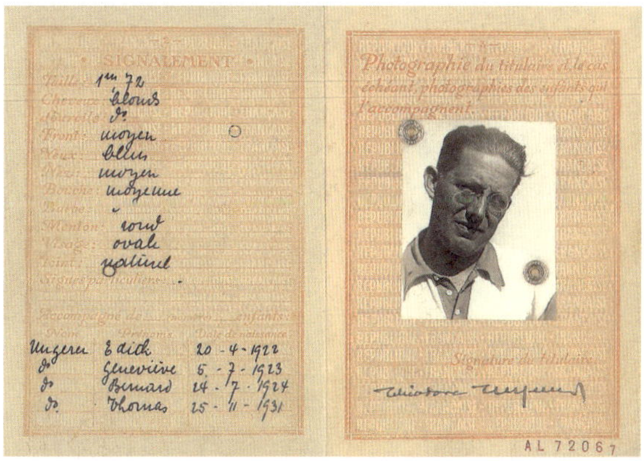
SIGNALEMENT

Taille: 1m 72

Cheveux: blonds

Front: moyen

Yeux: bleus

Nez: moyen

Bouche: moyenne

Menton: rond

Visage: ovale

Teint: naturel

Signes particuliers:

Accompagné de enfants:

Nom	Prénoms	Date de naissance
Ungerer	Edith	20 - 4 - 1922
do	Geneviève	5 - 7 - 1923
do	Bernard	14 - 7 - 1924
do	Thomas	25 - 11 - 1931

Photographie du titulaire et le cas échéant, photographies des enfants qui l'accompagnent.

Signature du titulaire.

AL 72067

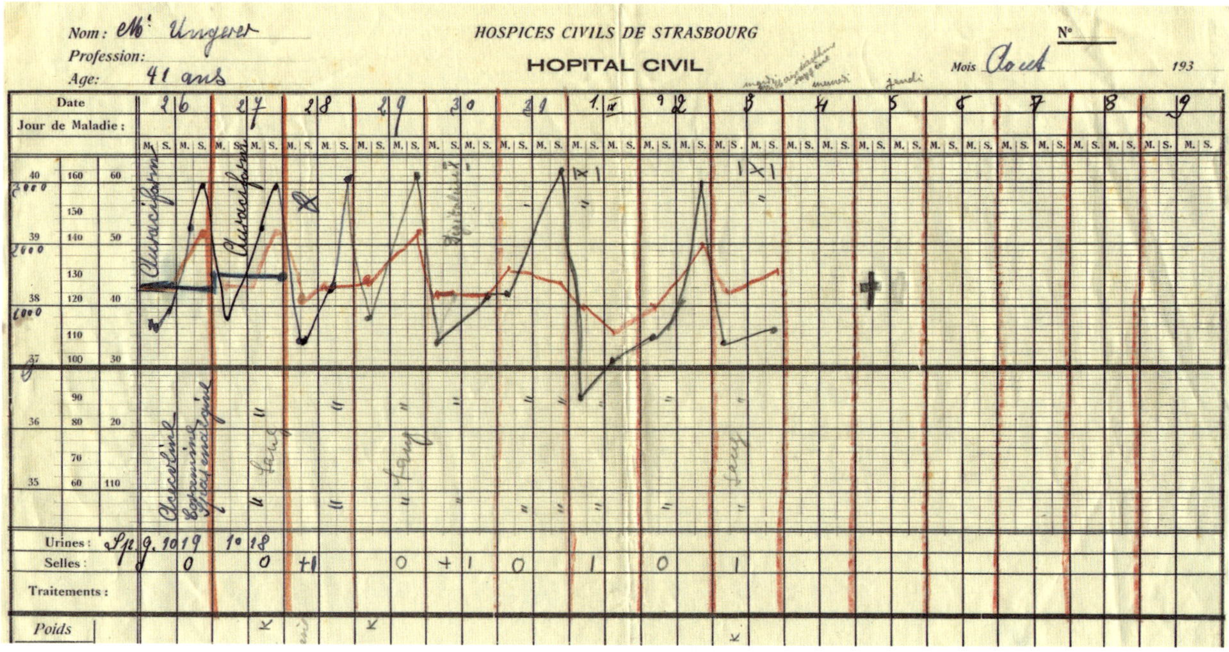

Das Herz meines Vaters hat aufgehört zu schlagen. Meine Mutter hat mit einem schwarzen Bleistiftkreuz seinen Tod auf dem Krankenblatt des Hospitals verzeichnet. Es war kein Ende, sondern ein Anfang, denn der Tod meines Vaters hat mir die Fähigkeit geschenkt, zu leben und die von ihm geerbten Talente auszuschöpfen, um im Namen einer Menschlichkeit zu kämpfen, deren Keim er in mir gelegt hatte. Das Foto auf der linken Seite symbolisiert die Hoffnung, die er in uns gesetzt hat, seine beiden Jungen, auf die er so stolz war. Ein junger Vater, die Hände auf den Schultern seiner beiden Söhne. Wir stellen uns der Zukunft und ihren Wechselfällen. Bernard ist schon ein ernsthafter Junge, wir beide haben eine Hab-Acht-Stellung eingenommen. Welche Würde liegt in diesem Foto! Mit dem Tod ist nur der Stab weitergegeben worden. Kleiner Junge werde groß, in einer Welt so klein, so grenzenlos.

Théo Ungerer und seine beiden Söhne Bernard und Tomi.
Das Foto ist aus der Sammlung der Familie verschwunden, es bleibt nur eine schlechte Kopie.
Doch die Emotionen, die Tiefe, die Schönheit der Szene sind intakt geblieben.

Es war einmal mein Vater

Zeichnung von
Théo Ungerer

Der Baum meines Vaters ist fest im Boden und im Felsen verwurzelt. Meiner sucht seine Wurzeln im Winterhimmel und seinen Nebeln. Beide haben wir das Leben eines Baums geführt, die Jahre mit neuen Ästen zählend. Hätte mein Vater weitergelebt, er hätte mich mit seiner Größe erdrückt. Durch seinen Tod sind Schmerz und Abschied in mein Leben gekommen. Durch ihn habe ich die Bekanntschaft des Todes gemacht und gelernt, daß dieser eine Quelle der Kraft ist und man ihn annehmen muß, um alles zum Besten zu wenden.

Zeichnung von
Tomi Ungerer

Hängt das Leben vom Schicksal ab? Die Umstände beruhen auf Zufällen. Jeder wirklich gelebte Augenblick ist das Ergebnis einer Willensanstrengung, das Überleben gelingt im Zweifeln, wobei der Zweifel eine Form von Spiritualität ist. Mehr als mein Vater habe ich mich mit den Fragen meiner Zeit auseinandergesetzt. Doch wie der Sohn, so der Vater: Ich weiß, daß mein Vater guten Willens war. Dieses Buch ist eine Hommage an seine Art zu denken, die in mir ihren Ausdruck gefunden hat. Ich bin ihm dankbar dafür, daß er immer an meiner Seite gewesen ist; die Ehren, die ich auf meinem Weg gesammelt habe, stehen ihm genauso zu. Ich kenne keine Grenze zum Jenseits. Der Tod erweitert das Gegenwärtige.

Wie der Vater, so der Sohn

Von Théodore Ungerer zu Tomi Ungerer
Ein Nachwort von Thérèse Willer

Der Dolder von Riquewihr, gezeichnet (links) von Théodore Ungerer in den 1910er Jahren.
Vierzig Jahre später, kurz nach dem Krieg, hat der junge Tomi Ungerer die gleiche Ansicht gezeichnet (rechts), ohne zu ahnen, daß er auf derselben Staffelei wie sein verstorbener Vater, in der gleichen Technik und auch im gleichen Geist malt…

Tomi Ungerer schreibt in der Einleitung zu diesem Buch, er habe die künstlerischen und zeichnerischen Talente von seinem Vater geerbt. Die folgenden sechzehn Beispiele, zusammengestellt und kommentiert von Thérèse Willer, der Konservatorin der Sammlung Ungerer in den Straßburger Museen, bestätigen auf überzeugende Art, daß es in vielen Bereichen (Landschaft, Alltagsszenen, Karikatur) einen Ungerer-Stil gibt, einen »Ungerer-Strich«, der dem Vater Théo (linke Spalte) und dem Sohn Tomi (rechte Spalte) gemeinsam ist.

Théo hat in einem Heft einen Fahrradausflug festgehalten: Die Gestaltung der mit Texten gewürzten Federzeichnungen erinnert in ihrem lebhaften Strich an die Bildergeschichten Wilhelm Buschs und Rodolphe Toepffers. In den vierziger Jahren hat der junge Tomi das gleiche getan und ein Fahrtenbuch seiner Fahrradausflüge geführt, wobei er eine große Beobachtungsgabe bewies. Eines dieser Bücher mit dem Titel *Carnet de route Maccadam* von 1947 erweist sich als veritable Reportage. Der Einband ist kartoniert und farbig illustriert, die Seiten (zweihundert an der Zahl) sind mit Texten, Zeichnungen und unterschiedlichen Dokumenten (wie Fotos, Eintrittskarten, Postkarten) gefüllt.

Eine Reihe von Darstellungen des Waldes in den Vogesen zeugen von Théos Interesse an der Natur; dies ist auch bei Tomi ein wiederkehrendes Thema, vor allem im *Großen Liederbuch* (1975). So zeigt die romantische Illustration des Goethe-Gedichts *Ich ging im Walde so für mich hin* Ähnlichkeiten mit einem der Bilder des Vaters, einem Pastell im expressionistischen Stil. Es ist der Hochwald, der hier hervorgehoben wird: Beim Vater ist zwischen den Baumstämmen jedoch der blaue Himmel zu erkennen, beim Sohn bildet der Wald eine in sich geschlossene Welt, nur durchdrungen von schräg einfallenden Lichtstrahlen.

Théo stellte gern und mit großer Liebe zum Detail die elsässische Baukunst dar. Tomi, der mit dem *Großen Liederbuch* wieder an das Erbe seiner Heimat anknüpfte, hat die deutschen Lieder ebenfalls mit typischen Elementen der elsässischen Architektur illustriert. So erscheint der Erker, untrennbar mit der Elsässer Renaissance verbunden, als Hauptmotiv in einem Pastell Théos; in einer Zeichnung von Tomi zu *Aus grauer Städte Mauern* dagegen bildet er nur das Dekor, aus dem eine Hand auftaucht, die einem Wanderer eine Rose zuwirft…

Théo Ungerer hat dieses traditionelle elsässische Bauernhaus in sehr klassischem Stil gezeichnet. In *Freut Euch des Lebens* (1975) skizziert Tomi seinerseits ein Bauernhaus im elsässischen Dorf Woerth. Die Ähnlichkeit erstreckt sich nicht nur auf das gewählte Sujet, das kulturelle Erbe des Elsaß, sondern auch auf die Bleistiftzeichnung als Technik. Doch Tomi gelingt es, eine einfache Studie lebendig zu machen, indem er zwei Gänse mit ins Bild nimmt…

Die elsässische Kultur war ganz zweifellos ein bevorzugtes Thema Théo Ungerers. Er stellt mit großer Sorgfalt im Detail ein bäuerliches Interieur im Elsaß dar, eine »Stub« in Woerth. Die gleiche Klarheit kennzeichnet eine Skizze, die Tomi in *Freut Euch des Lebens* veröffentlicht hat. Man findet auch hier die Darstellung des typisch elsässischen Mobiliars – doch ergänzt durch einen autobiographischen Bezug: Der kleine Junge am Tisch ist der Sohn des Künstlers.

Ein Kupferstich Théo Ungerers, der Turckheim im Schnee zeigt, läßt an eine Illustration seines Sohns im *Großen Liederbuch* denken: *Stille Nacht, Heilige Nacht.* Mit seiner Darstellung des kleinen elsässischen Dorfs, eingehüllt in das bläuliche Licht einer Weihnachtsnacht, hat Tomi Ungerer ein sehr poetisches Bild geschaffen. Die eng aneinandergedrängten, verschneiten Dächer, die Rebstöcke im Vordergrund, die – im Jugendstil gestaltet – in ihrer ausgefeilten grafischen Darstellung wie eine Familie wirken. Vielleicht sind Vater wie Sohn durch ein gemeinsames Vorbild zu diesem Motiv inspiriert worden: Tatsächlich hat Leo Schnug Anfang des zwanzigsten Jahrhunderts eine seiner Fresken in der Straßburger Maison Kammerzell im gleichen Stil gestaltet…

Théo Ungerer wandte gern die Technik des Schattenbilds an, wie hier für *Der Volksredner.* Auch Tomi Ungerer benutzt manchmal dieses Verfahren, beispielsweise bei diesem Plakat für die Filmproduktion Rainer Brandt, eine Auftragsarbeit für Robert Pütz von 1978. Vater und Sohn bedienen sich dieser Technik, die das Graphische in satirischer Absicht verstärkt. Doch während Théo sich auf Schwarz und Weiß beschränkt, führt Tomi als Neuerung Farbe ein. Die Silhouette der Katze im Profil, die in ein Mikrofon in Form einer Maus singt, hebt sich von einer Mondscheibe ab, die wiederum vor einem tiefblauen Hintergrund erscheint.

In einem Schattenbild vom Anfang des zwanzigsten Jahrhunderts mit dem Titel *Für Frauenrecht* kritisiert Théo Ungerer den Feminismus, indem er eine Rednerin in voller Aktion darstellt: Die gewählte Technik unterstreicht das kantige Profil der Frau. Auch Tomi Ungerer hat in seinen satirischen Zeichnungen weder die Frauen noch den Feminismus geschont: *Fund Raising in Connecticut,* eine Tuschezeichnung von 1961, zeigt zwei Amerikanerinnen, eine Rednerin und eine Zuhörerin, bei einer Tasse Tee. Diese Archetypen der amerikanischen Frau erinnern nicht nur an die Zeichnungen von Théo, sondern auch an die von Wilhelm Busch.

Auf einem weiteren Schattenbild, betitelt *Furioso,* stellt Théo Ungerer einen entfesselten Dirigenten dar. Ohne daß er selbst Musiker wäre, ist Musik zu einem der Lieblingsthemen Tomi Ungerers geworden, der zahlreiche Plakate für Musiktheater, Festivals und Konzerte entworfen hat. 1980 hat er diese hier abgebildete Illustration für das Jazzfestival Zürich geschaffen. Sie zeigt eine Figur, die wütend eine Partitur zerschneidet, aus der die Noten herausfallen. Die beiden Werke sind durch die Dynamik ihrer graphischen Umsetzung charakterisiert, die man auch in dem *Finale furioso* einer Bildergeschichte von Wilhelm Busch, *Ein Neujahrskonzert* (1865), findet, vielleicht gemeinsamer Inspirationsquell von Vater und Sohn.

Das Pastell von Théo Ungerer zeigt ein allein stehendes Haus auf dem Land und läßt an einige Zeichnungen aus *Slow Agony* denken, die Tomi Ungerer 1981/82 – inspiriert von seinem Aufenthalt in Kanada – geschaffen hat, insbesondere an das Bild eines leerstehenden, verlassenen Hauses im Kolonialstil. Auf beiden Bildern sehen wir im Mittelpunkt ein ockerfarbenes Haus. Doch während es beim Vater in seine natürliche Umgebung integriert ist, scheint es beim Sohn aus dem Nirgendwo aufzutauchen und erinnert an die unwirklichen Häuser auf den Gemälden Edward Hoppers.

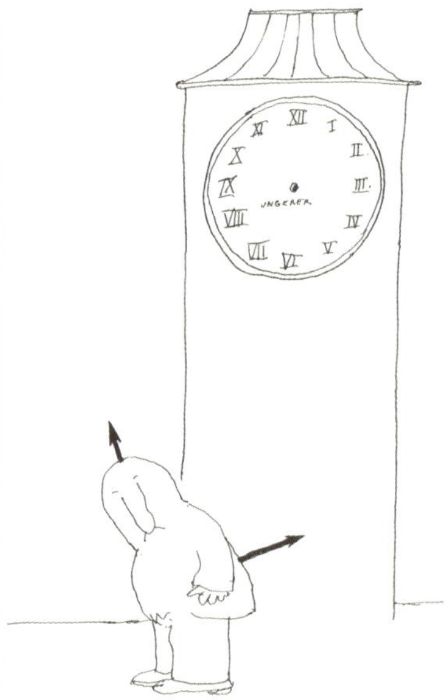

Als Spezialist für astronomische Uhren fertigte Théo auch zeichnerisch präzise Skizzen von Wand- und Turmuhren an. Dieses ikonographische Motiv stellt ein wiederkehrendes Thema dar, das im Werk Tomi Ungerers in unterschiedlicher Form auftaucht. In einer Feder-Tuschezeichnung, veröffentlicht in seinem Buch *Kompromisse* (1970), entdeckt beispielsweise eine Figur zu ihrem Erstaunen, daß die beiden Zeiger, die an der Turmuhr (auf welcher der Name Ungerer steht) fehlen, sich in den eigenen Körper gebohrt haben. Sehr fern den väterlichen Skizzen – und zugleich sehr nah –, verbindet diese Zeichnung die Reflexion Tomi Ungerers über die Zeit und den Tod mit der Erinnerung an seine Uhrmacherfamilie.

Als leidenschaftlicher Anhänger der Fliegerei hat Théo Ungerer Flugmaschinen aller Art, auch Phantasiegebilde, dargestellt. Tomi scheint diese Faszination für alles, was fliegt, geerbt zu haben. Er hat Drachen gebaut und die Entwürfe in einem Heft festgehalten, hat Spielzeugflugzeuge gesammelt und quer durch sein Werk immer wieder Flugzeuge gezeichnet. Die Mellops, Figuren seines ersten Kinderbuchs, haben sich zum Ziel gesetzt, ein Flugzeug zu bauen … In einem anderen seiner Bücher, *Papa Schnapp und seine noch-nie-dagewesenen Geschichten* (1973), ist einer der Helden ein Froschpilot, der sich mit dem Schleudersitz aus seinem brennenden Doppeldecker rettet.

In einer seiner Ansichten des Elsaß hat Théo Ungerer den Innenhof eines Renaissancebaus dargestellt. Tomi seinerseits hat bei einer in *Freut Euch des Lebens* veröffentlichten Illustration, inspiriert von einem Innenhof in Ribeauvillé, ein ähnliches Motiv gewählt.

Die Funktion der Zeichnung geht allerdings über die einer Studie hinaus, da Tomi sie wie ein Bühnenbild für das Lied *Morgen muß ich fort von hier* benutzt.

Eine Tuschezeichnung von 1924 zeigt Vivette, eine der beiden Töchter von Théo Ungerer, wie sie auf dem Bett sitzt und mit Puppe und Wagen spielt. Diese sehr innige Zeichnung ist mit schlichtesten Mitteln gestaltet. Ein halbes Jahrhundert später hat Tomi Ungerer ebenfalls eine Reihe von Skizzen geschaffen, die seine damals in Irland ansässige Familie zeigen, etwa die von Aria, festgehalten in verschiedenen Phasen, wie sie mit einem Eimer spielt. Technik, Geist und Stil sind bei beiden sehr ähnlich und zeugen von einer scharfen Beobachtungsgabe.

Der Bauer auf der Zeichnung von Théo Ungerer ist in sitzender Pose dargestellt, nachdenklich, im Sonntagsstaat. Darin erinnert er an die Figuren von Théophile Schuler, Zeichner und elsässischer Maler des 19. Jahrhunderts, Vertreter eines malerischen Realismus. Der »Fuhrmann« von Tomi Ungerer hingegen, eine Skizze aus dem *Großen Liederbuch*, trägt eine gutmütige, augenzwinkernde Leutseligkeit zur Schau. Der Unterschied zwischen Théo und Tomi enthüllt sich hier ganz klar, in dieser einfachen Beschreibung des gleichen Menschentyps...

Exlibrisstempel von Théo Ungerer,
in Form des Hahns auf der ersten astronomischen Uhr
des Straßburger Münsters.

Tomi Ungerer
Die Gedanken sind frei
Meine Kindheit im Elsaß

Tomi Ungerer ist neun Jahre alt, als deutsche Truppen 1940 das Elsaß besetzen. Die französischsprachigen elsässischen Lehrer werden durch deutsche Lehrer, die bereits in der Wehrmacht gedient hatten, ersetzt. Deutsch wird die offizielle Sprache, Französisch bei Androhung strenger Strafen verboten, aus Jean-Thomas, von allen Tomi genannt, wird *Hans*, der in der Schule jetzt in *Sütterlinschrift* schreiben muß. Tomi Ungerer erzählt vom Alltagsleben, vom Krieg, von der ›Libération‹. Und er erzählt die Streiche und Erlebnisse eines heranwachsenden Buben und berichtet, wie sich dort, wo Unterdrückung herrscht, Widerstand regt: er lernte schnell, statt »Heil Hitler!« »Ein Liter!« zu rufen. In der Familie Ungerer wurde nichts weggeworfen, alle Schulhefte und Bilder, die der kleine Tomi malte, sind erhalten. Es ist überraschend, die Anfänge zu sehen: bereits als kleiner Junge hält er alles, was er sieht und was ihn berührt, in Bildern fest.

»Ein Buch der Fragezeichen, ein Geschichtswerk voller Geschichten, ein Familienalbum als politische Alltagschronik. Über sein erstes Fragezeichen stolpert der neunjährige Tomi, als die Deutschen im Gleichschritt einmarschieren. Ein großes politisches Erinnerungsbuch über Tomi Ungerers Kindheit im Dritten Reich.« *Konrad Heidkamp/Die Zeit, Hamburg*

»Eine bemerkenswerte Fülle von zeitgenössischen Dokumenten – Zeichnungen, Photos, Plakate, Alltagsgegenstände, Ausweise, Schulhefte – läßt dieses Buch zur Fundgrube werden. Dabei erhält die Materialiensammlung Format durch einen Text, der bald ironisch, bald wehmütig die Spuren dieser Jugend sichtet.«
Beatrice Eichmann-Leutenegger/Neue Zürcher Zeitung

»Er erzählt, wie er zeichnet. Mit scharfen Konturen, ironisch, anschaulich und farbig: Tomi Ungerers ›Erinnerungen an eine Kindheit im Elsaß‹ sind ein kleines Geschichtsbuch mit großer Wirkung. Daß man nach der letzten Seite der kleinen Ungerer-Geschichtsfibel ein anschauliches Bild der Zeit im Kopf hat, liegt neben der temperamentvoll erzählten Lebensgeschichte an den vielen abgebildeten Zeitdokumenten. So unterhaltsam und trotzdem fundiert wird Zeitgeschichte selten erzählt. Deshalb nicht nur etwas für Erwachsene.« *tz, München*

Tomi Ungerer im Diogenes Verlag

Bilderbücher für Erwachsene:

Fornicon
Mit einem Vorwort von Walther Killy

Kompromisse

The Poster Art of Tomi Ungerer
Edited by Jack Rennert

Babylon
The Book To End All Books

Das Kamasutra der Frösche

Slow Agony

Schutzengel der Hölle

Heute hier, morgen fort
Here today, gone tomorrow. Deutsch von Hans-Joachim Hartstein und Christa Hotz

Tomi Ungerer
Eine Retrospektive, veranstaltet von Daniel Keel. Mit Texten von Friedrich Dürrenmatt, Manuel Gasser, Walther Killy und Tomi Ungerer

Die Gedanken sind frei
Meine Kindheit im Elsaß

Poster
Ein Bilderbuch mit Plakaten aus vierzig Jahren

Katzen

Bilderbücher für alle:

Das große Liederbuch
204 deutsche Volks- und Kinderlieder, gesammelt von Anne Diekmann, unter Mitwirkung von Willi Gohl, mit 156 bunten Bildern von Tomi Ungerer

Das große Katzenbuch
Die schönsten Geschichten, Gedichte und Aphorismen aus der Weltliteratur. Ausgewählt von Anne Schmucke, mit vielen Bildern von Tomi Ungerer

Es war einmal mein Vater
Deutsch von Ulrich Hartmann. Mit einem Nachwort von Thérèse Willer

Bilderbücher für Kinder:

Crictor die gute Schlange
Deutsch von Hans Ulrik

Die drei Räuber
Deutsch von Tilde Michels

Der Mondmann
Deutsch von Elisabeth Schnack

Zeraldas Riese
Die Bekehrung eines Menschenfressers. Deutsch von Anna Cramer-Klett

Der Hut
Deutsch von Claudia Schmölders

Das Biest des Monsieur Racine
Deutsch von Hans Manz

Papa Schnapp und seine noch-nie-dagewesenen Geschichten
Deutsch von Anna Cramer-Klett

Kein Kuß für Mutter
Deutsch von Anna Cramer-Klett

Allumette
Deutsch von Anna Cramer-Klett

Das kleine Kinderliederbuch
Die 51 schönsten deutschen Kinderlieder, gesammelt von Anne Diekmann, mit vierzig Bildern von Tomi Ungerer

Tomi Ungerers Märchenbuch
Deutsch von Hans-Georg Lenzen, Gerd Haffmans und Hans Wollschläger

Flix
Deutsch von Anna Cramer-Klett

Tremolo
Deutsch von Anna Cramer-Klett

Otto
Autobiographie eines Teddybären. Deutsch von Anna Cramer-Klett

Die blaue Wolke
Deutsch von Anna Cramer-Klett

Außerdem erschienen:

Johanna Spyri
Heidis Lehr- und Wanderjahre
Mit vielen Zeichnungen von Tomi Ungerer